AF303570

1710 regiert in Frankreich Ludwig XIV. Im Januar wird ihm ein Urenkel geboren. Ob sich der Sonnenkönig vorstellen konnte, dass dieser Urenkel ihn als einzigen seiner Nachkommen überleben und sein Nachfolger werden würde?

1710 regiert in Sachsen König August der Starke und beschließt, in Meißen eine Porzellanmanufaktur zu gründen. Wenn sein junger Gefangener schon kein Gold herstellen kann, dann wenigstens mit dem »Weißen Gold« Einnahmen für Dresden schaffen.

Historische Fakten aus Kultur und Kunst – in kleinen Geschichten erzählt, spannend, traurig, überraschend, lustig.
Was können wir von diesen Kulturschätzen heute im 21. Jh. noch finden und besuchen? Darüber informiert der zweite Teil, incl. Quellenangaben zum selbstständigen Weiterforschen.

Sibylla Vee ist das Pseudonym einer Autorin, die sich zunächst in Praxis und Theorie ganz der Bildenden Kunst widmet.
2016 wechselt sie vom Pinsel zur Feder und beginnt zwei Serien:
KLEINE KULTURGESCHICHTEN erzählen Kurzbiographien, – von Entdeckern, Kulturschaffenden und Künstlern, Männer wie Frauen, die es wert sind, aus dem Schatten der »sehr Berühmten« herauszutreten.
KLEINE BILDERGESCHICHTEN erzählen von Lieblingsmotiven in Grafik und Malerei, von sehr berühmten wie auch kaum bekannten Künstlern und Werken.

Sibylla Vee

1710

Berliner Blau, Weißes Gold
und andere Entdeckungen

Kleine Kulturgeschichten

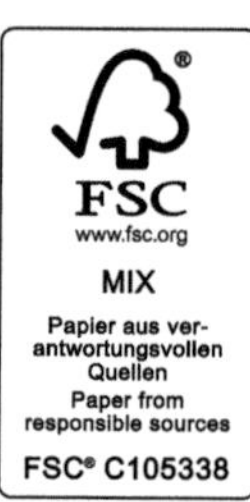

FSC
www.fsc.org
MIX
Papier aus ver-
antwortungsvollen
Quellen
Paper from
responsible sources
FSC® C105338

Die Deutsche Bibliothek verzeichnet diese Publikation in der Deutschen Nationalbibliografie; detaillierte bibliografische Daten sind im Internet über http://dnb.ddb.de abrufbar.

© 2016 Sibylla Vee
Alle Rechte vorbehalten
2023 überarbeitete Auflage

Lektorat: Diana Balonger
Korrektorat: Diana Balonger
Satz und Layout: Sibylla Vee

Coverdesign: Sibylla Vee
unter Verwendung zweier Bildausschnitte,
aus Nicolas Lancret »Marie Camargo« 1730
und Maria Sibylla Merian »Metamorphosis
insectorum Surinamensium« Tafel 53, 1707

Herstellung und Verlag:
BoD – Books on Demand, Norderstedt

ISBN: 978-3-7568-9773-5

Inhaltsverzeichnis

Das Herz Seiner Königlichen Hoheit

Dresden – 23. Januar 1710

Es war ein sehr kalter Januartag, wenn auch nicht so eisig wie im Jahr zuvor, als im deutschen Lande der Bodensee und im italienischen der Gardasee zugefroren waren.

An diesem Januartage, dem 23. des Jahres 1710, hatte der König von Sachsen und Polen, der August der Starke genannt wurde, ein Dekret erlassen. Der 28-jährige Johann Friedrich Böttger bangte und hoffte, dass ihm dieses Dekret endlich die ersehnte Freiheit brächte. Jetzt müsste sich doch das Herz Seiner Königlichen Hoheit erweichen.

Acht Jahre zuvor war Böttgers Mutter persönlich bei Hofe vorstellig geworden und hatte eine Bittschrift um die Freilassung ihres Sohnes eingebracht. Doch erfolglos. August der Starke dachte gar nicht daran, Böttger wieder aus seinen Händen zu geben. 1701 war das Ringen mit dem Kurfürsten von Brandenburg um diesen jungen Spunt zäh genug gewesen, das der Sächsische König am Ende für sich hatte entscheiden können. Und schließlich hatte Böttger ihn selbst um Schutz und Protektion gebeten, als ihn die Wittenberger Stadtwache verhaftet hatte. Ja so war das mit der heißblütigen Jugend. Da hatte der junge Böttger vor seinem Lehrmeister, dem Apotheker

Zorn, und drei weiteren Zeugen sein kleines Kunststück vorgeführt, die Verwandlung von Silber in Gold. Wie leichtsinnig, nicht an die Konsequenzen zu denken.

Ein solches Genie durfte der große König von Sachsen und Polen nicht wieder verlieren. Bisher konnte Böttger sein Kunststückchen nicht wiederholen, also musste er in Gewahrsam bleiben, bis er den Stein der Weisen gefunden hatte. Immerhin war der König großzügig gewesen und hatte ihm zwei Jahre später zwei Wohnräume im Schloss angeboten. Aus der Hofküche war er versorgt worden und an den Freizeitvergnügungen des Hofes hatte er teilnehmen dürfen, sogar an den Glücksspielen. Und wie hatte der junge Böttger es ihm, dem König, gedankt? Er war über Böhmen nach Österreich geflohen. Und hatte auch noch die Unverfrorenheit besessen, sich als Baron auszugeben. Das hatte sich das junge Genie so vorgestellt, aber des Königs Leute waren gut und hatten Böttger gleich wieder eingefangen und nach Dresden zurückgebracht. Böttger blieb nichts anderes übrig, als weiter zu experimentieren. Und er war erfolgreich, statt Gold hatte er die Herstellung von Porzellan erfunden.

Heute, am 23. Januar 1710 hatte seine Königliche Hoheit, Friedrich August I., König von Sachsen und Polen, die Königlich-Sächsische Porzellanmanufaktur gegründet. Zartes weißes Porzellan würde den Ruhm des Königs vergrößern, dieses Porzellan sei wie *Weißes Gold*, hatte Böttger ihn umworben. Aber des Königs

Herz ließ sich nicht erweichen, seine Freiheit bekam Böttger nicht. Zu viel hatte den König der Nordische Krieg gekostet, zu groß war seine ausgeprägte Sammelleidenschaft auserwählter Kunstschätze und zu sehr hing sein Herz an seinem Dresden, das er zu einer prunkvollen Metropole des Barocks erblühen lassen wollte. Zu viele Künstler – Komponisten, Dichter, Bildhauer, Maler, Goldschmiede, Juweliere und Glaskünstler – wollten bezahlt werden. Und zu viele wunderschöne Frauen wollten verwöhnt werden, von denen der König neben seiner Ehegattin Maria Josefa, der Erzherzogin von Österreich und Prinzessin von Ungarn, im Jahr 1710 schon sechs weitere hatte. Am Ende seines Lebens sollen es elf Mätressen gewesen sein.

Nein, an all dem hing das Herz des Königs, da konnte er seinem jungen Goldmacher keine Freiheit schenken.

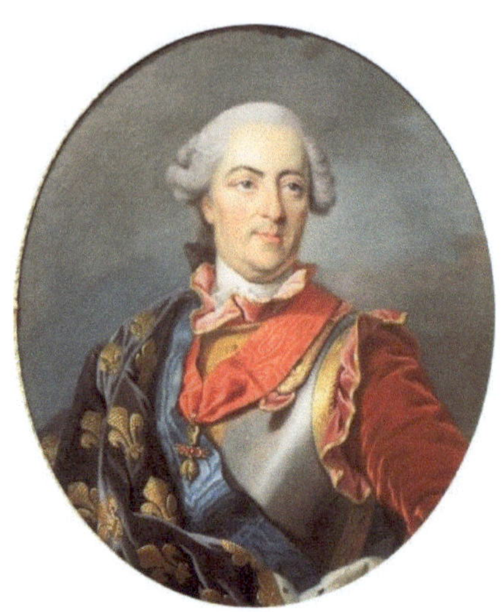

Abb. 1 – »Ludwig XV.«, 1748,
Louis Michel van Loo

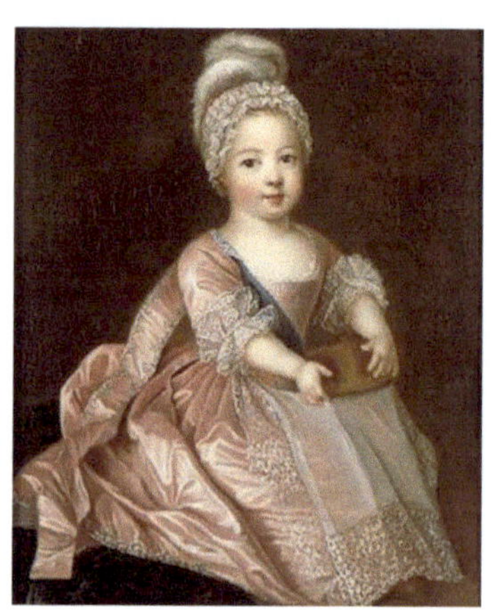

Abb. 2 – »Ludwig XV.« 1712,
Pierre Gobert

Der Viel- und Ungeliebte

Versailles – 25. Februar 1710

Einen Monat, nachdem der große König von Sachsen und Polen seine Porzellanmanufaktur gegründet hatte und seinen Goldmacher weiter in Gefangenschaft behielt, wurde etwa tausend Kilometer von Dresden entfernt, am 25. Februar des Jahres 1710, im Schloss von Versailles, ein französischer König geboren. Dessen Urgroßvater, der Sonnenkönig Ludwig XIV., hatte das einfache Landschloss zum größten barocken Königspalast von ganz Europa umbauen lassen, dessen Pracht auch August der Starke zum Vorbild für sein geliebtes Dresden nahm.

Das königliche Bübchen, das wie sein Urgroßvater Louis getauft wurde, wurde also in prallen Luxus hineingeboren. Und doch brauchte es auch an einem solchen Ort einiges Rüstzeug, um überleben zu können, ein kräftiges Herz, ein starkes Immunsystem und einen Schutzengel. All das hatte der Kleine, denn als er ein Jahr alt war, starben sein Großvater, seine Eltern, sein älterer Bruder, und 1715 sein Urgroßvater, der Sonnenkönig. So kam es, dass der kleine Louis der nächste Thronfolger, Ludwig XV. wurde.

Sein Schutzengel war die Königliche Gouvernante gewesen, die Herzogin von Ventadour. Es gibt das Gerücht, dass die Herzogin dem kleinen Louis das

Leben rettete, indem sie jeglichen Zugriff der Ärzte verhinderte. 1710 war selbst Hofärzten kein Mittel gegen Masern bekannt und so taten sie das, womit sie selbst den Sonnenkönig in Zweifelsfällen immer behandelt hatten, nämlich ihre Patienten zur Ader zu lassen. Wenn schon alle Älteren an der mysteriösen Krankheit verstorben waren, kam es für Madame de Ventadour nicht in Frage, auch noch dem ebenfalls erkrankten Jüngsten Blut abzunehmen und ihn damit noch mehr zu schwächen. Es gelang ihr, den kleinen Louis gesund zu pflegen, der sie Zeit seines Lebens liebevoll *Maman* nannte.

Maman Ventadour hatte eine deutlich ältere Freundin, die Marquise von Maintenon. Diese war in jungen Jahren eine Geliebte des Sonnenkönigs gewesen. Der kleine Louis wuchs also die ersten sieben Lebensjahre unter der prägenden Obhut zweier Frauen auf, die ihm viele Freiheiten gewährten. Zeit seines Lebens soll der zukünftige König eine magische Anziehungskraft auf Frauen ausgeübt haben und ebenso soll er magisch von Frauen angezogen gewesen sein. Vielleicht war es auch der dunkle Schatten, sehr früh ein königliches Waisenkind geworden zu sein, dass er später in der Anzahl seiner Mätressen – die berühmteste war Madame de Pompadour – und in der Anzahl seiner ehelichen und unehelichen Kinder sowohl August den Starken als auch den Sonnenkönig übertreffen sollte.

Im Alter von sieben Jahren war seine Kindheit zu Ende und Männer übernahmen seine Erziehung. Mit dreizehn wurde er volljährig, mit fünfzehn heiratete er eine acht Jahre ältere polnische Prinzessin, deren Erbe er mit Österreich gegen Lothringen tauschte, und mit sechzehn übernahm er als Ludwig XV. die Regierung.

Er kämpfte gegen Richter, Parlamente und Adelsgruppen, die ihn »Le Mal-Aimé« – den Ungeliebten – nannten, und ihn für all die Missstände verantwortlich machten, die zur Französischen Revolution führen und seinem Enkel und Nachfolger, Ludwig XVI. und dessen Frau Marie Antoinette den Kopf kosten sollte.

Und er wurde »Le Bien-Aimé« – der Vielgeliebte – genannt, von denen, die seinen Geist und seine Bildung schätzten, und die Frankreich als nie wohlhabender an Manufakturen und Gelehrten sahen als zu seiner Regierungszeit.

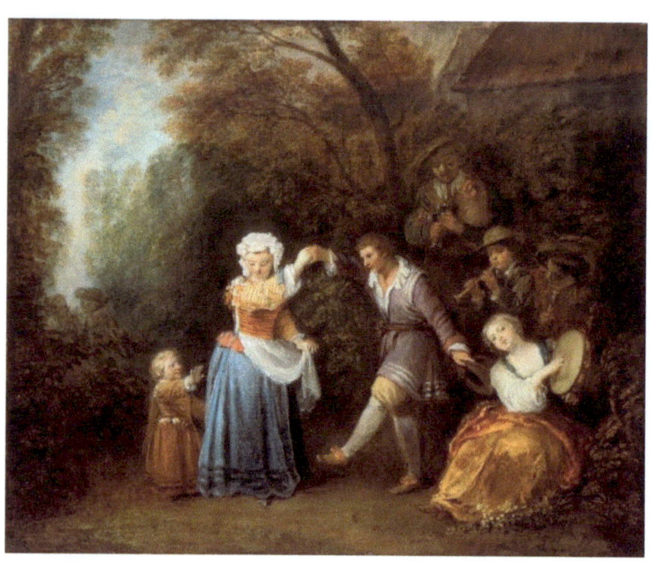

Abb. 3 – »Ländlicher Tanz«, 1710, Jean-Antoine Watteau

Ein ungeduldiger Künstler

Als noch niemand in ganz Frankreich ahnte, dass das vor kurzem in Schloss Versailles geborene Bübchen der Nachfolger des Sonnenkönigs werden sollte, lief der junge Jean-Antoine Watteau ungeduldig im Atelier seines Elternhauses auf und ab. Er wartete auf eine Lieferung aus Berlin. Ein Farbtöpfchen sollte eintreffen, ein neues Blau, nach seinem Herstellungsort *Berliner Blau* genannt. Wenn der neue Farbton versprach, was man sich über ihn erzählte, wäre er ein großer Gewinn. Wie aufwendig und vor allem wie teuer war doch die Beschaffung von Lapislazuli, das einzige intensive Blau, das den Malern bisher zur Verfügung stand. Aus streng geheim gehaltenen Höhlen des weit entfernten Afghanistan kam es, und selbst der große Michelangelo soll oft mehrere Monate auf eine Lapislazulilieferung gewartet haben.

Eine kleine Leinwand, etwa 50 x 60 cm groß, stand auf der Staffelei. Watteau hatte die Szene eines Tanzes auf dem Lande kompositorisch schon angelegt: eine große Baumgruppe und ein altes Haus bildeten den natürlichen Abschluss einer Waldlichtung. Mit ihnen verschmolzen, erst auf den zweiten Blick erkennbar, drei Flötenspieler. In den Vordergrund hatte Watteau ein tanzendes Paar gesetzt, zur Rechten eine

Tamburinspielerin, und zur Linken ein kleines Mädchen, das seine tanzende Mutter nachzuahmen versuchte. Doch ohne ein klares Blau konnte er das Ölgemälde nicht vollenden.

Zwei Jahre zuvor war der damals 24-jährige Watteau Schüler der Königlichen Akademie für Malerei und Skulptur in Paris geworden. Voller Elan hatte er sich gleich um ein Stipendium in Rom beworben, doch nur den zweiten Platz erhalten. Tief gekränkt hatte er sich erstmal nach Valenciennes zurückgezogen, ein Städtchen, 200 km nördlich von Paris. Er musste etwas Neues mitbringen, bevor er sich von seiner Heimatstadt wieder nach Paris begab. Er musste diesen neuen Farbton unbedingt ausprobieren.

Die Akzente saßen schon gut. Blusen, Kragen, Häubchen und Schürze in weißem Stoff bildeten die Lichteffekte in seinem Ölgemälde. Das Kleid der Kleinen und den Rock der Tamburinspielerin hatte er in leuchtendem Goldorange erstrahlen lassen. Aber der Rock der Tänzerin musste in Blau erscheinen, um die komplementäre Leuchtkraft noch zu steigern und seine Komposition im Goldenen Schnitt hervorzuheben. Auch bedurfte das kleine Fleckchen Himmel, das er nur an einer Stelle zwischen den Baumkronen hervorlugen lassen wollte, eines zarten Blautones.

Noch lag die gesamte Aufmerksamkeit des Betrachters auf der Tamburinspielerin am rechten Bildrand. Sie war eine wahre Schönheit. Watteau kannte sie persönlich. Sie war ein reizendes Geschöpf, Louise, die Tochter des besten Bäckers von Valenciennes.

Watteau war durchaus entzückt, wie gut sie ihm gelungen war. Ihre zarten Hände, wie sie das Musikinstrument mehr liebevoll streichelten als trommelten, ihr leicht geneigter Kopf mit den goldblonden Löckchen, die ihr hübsches Gesicht umrahmten, die Grazie ihrer Körperhaltung.

Aber Watteau durfte ihr nicht den Hauptpart überlassen. Das neue Berliner Blau würde die Tänzerin in den Mittelpunkt setzen, ihr, der Älteren, die gebührende Aufmerksamkeit geben. So konnte er die seine ganz bei Louise verweilen lassen.

Jean-Antoine Watteau ging ungeduldig in seinem Atelier auf und ab. Sollte er noch einen weiteren Tag auf die Lieferung warten müssen?

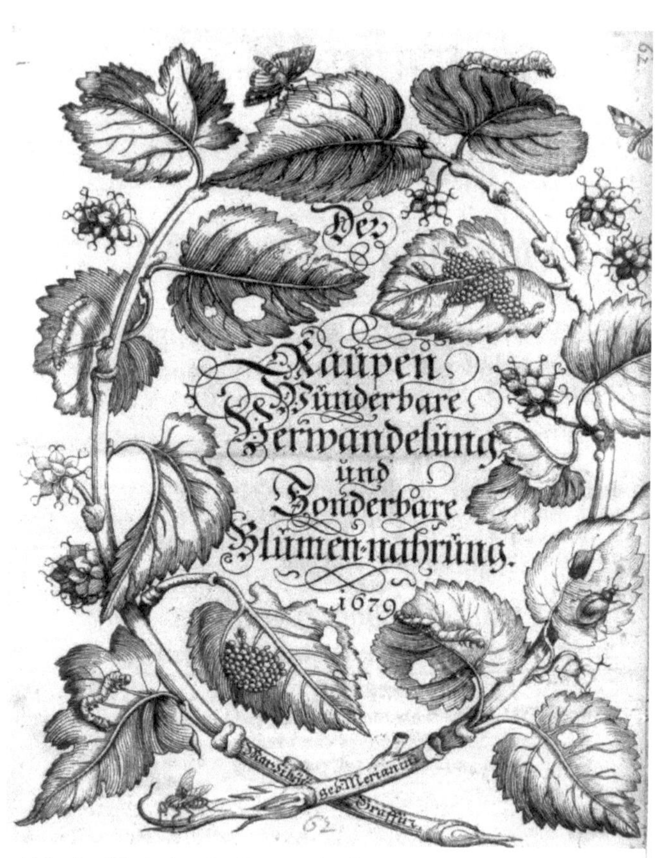

Abb. 4 – Titelseite des Raupenbuches von Maria Sibylla Merian

Im Paradies

In der Spiegelstraße, im Haus zum Rosenzweig, mussten die berühmte Naturforscherin und Künstlerin Maria Sibylla Merian und ihre Tochter Dorothea nicht warten, ihr Besuch war bereits da. Frau Korbbinder war mit ihrer siebenjährigen Tochter Margareth gekommen.

»Ich bin Ihnen so dankbar, Frau Merian, dass die Kleine ab und zu bei Ihnen bleiben darf«, und da Frau Korbbinder nicht recht wusste, wie sie ihre Dankbarkeit noch ausdrücken konnte, nickte sie heftig mit dem Kopf.

»Ich liebe junge Leute um mich herum«, sagte Maria Sibylla Merian, »und erst recht, wenn sie so klug sind wie Ihre Margareth.«

»Ach«, Frau Korbbinder war sichtlich überrascht, wie Frau Merian wissen konnte, dass ihre Tochter klug sei. »Ja, sie kann schon recht gut lesen, für ihr Alter.«

»Und schauen Sie Frau Korbbinder, wie viele Bücher hier stehen, alle in Ihrer Muttersprache Deutsch geschrieben, da hat sie viel zu lesen.«

»Sie soll Ihnen aber nicht zur Last fallen, das möchte ich auf keinen Fall«, bat Frau Korbbinder.

»Keine Bange, Frau Korbbinder«, mischte sich jetzt Dorothea ein, »wir Frauen ohne Männer müssen zusammenhalten. Und wenn es eine gibt, die weiß, wie das ist, in einer großen Stadt wie Amsterdam als Frau alleine zwei Töchter groß zu bringen, dann ist das meine Mutter.«

Maria Sibylla Merian lächelte sanft und hörte nur am Rande, was ihre Tochter sprach. Ihre ganze Aufmerksamkeit war auf Margareth gerichtet. Dieses Mädchen mit seinen braunen Zöpfen, in dem blassblauen, schon etwas zu kleinen Kleid, erinnerte sie so sehr an sie selbst. Ihre dunkeln Augen strahlten, waren hell wach. Die Kleine wusste sofort, dass dieses Haus zum Rosenzweig mit den zwei alten Damen viel mehr zu bieten hatte als nur eine sichere Bleibe, während ihre Mutter in der Wäscherei arbeitete. Hier gab es eindeutig Schätze und Geheimnisse zu entdecken. Die Blicke der beiden begegneten sich und sie verstanden einander.

Frau Korbbinder, deren Aufmerksamkeit ganz auf Dorothea gerichtet war, seufzte: »Tja, ich hätte nie gedacht, dass er eines Tages zur See geht und mich und die Kleine …«, weiter sprach sie nicht, nickte nur wieder heftig mit dem Kopf. »Ich muss jetzt gehen, sei schön brav!« fügte sie hinzu, während sie ihrer Tochter über die Haare strich.

Dorothea brachte Frau Korbbinder zur Tür und als sie wieder in die große Kammer trat, schmunzelte sie über den Anblick: Margareth und ihre Mutter saßen nebeneinander auf der Bank mit den geblümten Kissen und blätterten in dem Raupenbuch.

»Kannst du das schon lesen?« fragte Maria Sibylla Merian.

»Ich kann alle kleinen Buchstaben lesen, nur bei den großen weiß ich manchmal nicht.«

»Dann lesen wir gemeinsam«, meinte Merian und ergänzte »das hier ist das erste Buch, das ich gezeichnet und geschrieben und veröffentlicht habe.«

Und so lasen die berühmte Maria Sibylla Merian und die kleine Margareth zusammen:

»Der Raupen wunderbare Verwandelung und sonderbare Blumennahrung, worinnen, durch eine ganz neue Erfindung. Der Raupen, Würmer, Sommervögelein, Motten, Fliegen, und anderer dergleichen Tierlein, Ursprung, Speisen und Veränderungen, samt ihrer Zeit, Ort, und Eigenschaften. Den Naturkündigern …«

»Was sind Naturkündiger?« fragte Margareth.

»…das sind alle, die die Natur erforschen.«

»…und Kunstmahlern, und Gartenliebhabern zu Dienst, fleißig untersucht, kürzlich beschrieben und nach dem Leben abgemahlt, ins Kupfer gestochen.«

»Was bedeutet ins Kupfer gestochen?« wollte Margareth wissen.

»Das zeige ich dir, wenn wir fertig gelesen haben, denn dazu müssen wir in mein Atelier gehen.«

Die Aussicht, das Atelier der Künstlerin sehen zu dürfen, beflügelte Margareth im Weiterlesen: »…und selbst verlegt, von Maria Sibylla Gräffin«, Margareth stutzte einen Moment, da aber kein Widerspruch kam, fuhr sie fort, »Matthaei Merians, des Eltern, Seel Tochter. …Das versteh ich nicht, Seel Tochter?«

»Mein Vater hieß Matthäus Merian, und Seel ist hier abgekürzt und bedeutet, ich, die Maria Sibylla, bin seine Tochter und veröffentliche dieses Buch in seinem seligen Namen, da er schon gestorben ist.«

»Aber da steht doch Maria Sibylla Gräffin«, wandte Margareth ein.

»Dieser Name kommt von meinem Ehemann, dem Vater von Dorothea, der hieß Johann Andreas Graff, und Gräffin ist die Ehefrau vom Herrn Graff.«

»Und wo ist der Herr Graff?« fragte Margareth, denn Dorothea hatte doch gesagt, dass sie ohne Männer leben, »ist der auch wie mein Vater mit einem Schiff weggefahren?«

»Nein, ist er nicht. Ich bin mit einem Schiff weggefahren, aber das war erst viel später. Mein Vater war schon sehr alt, als ich auf die Welt kam und ist bald gestorben, da war ich erst drei Jahre alt. Da lebten wir noch in Frankfurt. Ich kann mich nicht mehr an ihn erinnern, da war ich einfach noch zu klein. Doch der zweite Mann von meiner Mutter war auch ein sehr lieber Vater, und vor allem, er war Maler, das gefiel mir gut.«

»Und wie hieß der?« wollte Margareth wissen.

»Jacob Marell. Meine Mutter war ein bisschen wie deine Mutter, immer ein bisschen zu besorgt, dass ich etwas falsch mache, und malen fand sie für Mädchen gar nicht gut, und als ich dann auch noch kleine Raupen in Schächtelchen mit nach Hause brachte …oh, oh, das gab Ärger!«

Margareth musste lachen, sie konnte sich lebhaft vorstellen, was da ihre Mutter sagen würde.

»Aber mein Stiefvater, der besonders gut Blumen malen konnte, unterstützte mich sehr. In seiner Werkstatt durfte ich alles lernen und alles ausprobieren, auch den Kupferstich, den ich dir noch zeigen werde. Der Vater von Dorothea war wie ich auch ein Schüler von Jakob Marell. So haben wir uns kennengelernt. Na und dann haben wir geheiratet und sind nach Nürnberg gezogen, in die Heimatstadt von Herrn Graff, wo du ja auch geboren bist. Dann haben wir zwei Töchter bekommen, zuerst Helena, dann Dorothea.«

»Und dann ist der Herr Graff gestorben?«

»Nein, nein«, lachte Maria Sibylla Merian, »mein Stiefvater ist gestorben, und ich bin mit Helena und Dorothea nach Frankfurt umgezogen, um meine Mutter zu pflegen, sie war sehr krank.«

»Und dann war der Herr Graff alleine in Nürnberg und dann ist er gestorben.« Margareth blieb hartnäckig, das musste doch endlich zu erfahren sein, was aus ihm geworden war. Vielleicht konnte sie dann Rückschlüsse auf ihren eigenen Vater ziehen, der auch verschwunden, wohl aber nicht gestorben war.

Maria Sibylla Merian gefiel diese Hartnäckigkeit und sie klärte das Mädchen auf: »Herrn Graff ging es gut in Nürnberg, er wollte nicht weg aus seiner Heimat, aber ich wollte nicht zurück, wollte einfach noch viel mehr von der Welt sehen. Mein Halbbruder Caspar hatte uns alle in ein Schloss im niederländischen Friesland eingeladen.«

»Ui«, staunte Margareth, »ein echtes Schloss?«

»Ja«, lächelte Merian, »ein echtes Schloss, aber es gehörte nicht Caspar, sondern drei Schwestern, die aber damals nicht dort wohnten, sondern mit ihrem Bruder in Südamerika lebten. Und da bin ich dann später auch mal hingereist, aber das ist eine längere Geschichte, die erzähle ich dir das nächste Mal. Jetzt zeige ich dir die Kupferstiche, dazu müssen wir in mein Atelier gehen.«

Margareth war sofort fasziniert von dem Atelier. Alle Wände hingen voller Bilder, die Blumen und Tiere in unendlicher Vielfalt zeigten. Im Raum gab es mehrere Tische mit kleinen und großen Kästen und Schachteln, Stößen von Papier und Büchern, Töpfe mit Pinseln und Farbpulver, und viel Werkzeug, das Margareth noch nie gesehen hatte. Und über allem lag ein besonderer Geruch, ein bisschen nach Honig und nach etwas Schärferem, das sie nicht kannte. Margareth konnte sich nicht satt sehen, dieser Raum war ein Paradies für sie.

Maria Sibylla Merian hatte inzwischen eine gestochene und eine kleine glatte Kupferplatte bereit gelegt. »Fühl mal mit den Fingern, Margareth, die feinen Rillen!«

Margareth war beeindruckt.

»Die muss man mit diesem Stichel in die Kupferplatte stechen, deswegen heißt es Kupferstich, und dann kommt eine spezielle Farbe auf die Platte, die muss solange gewischt werden, bis sie nur noch in den Rillen haften bleibt, dann einen Bogen feuchtes Papier auf die Platte, kräftig drucken, und Hokuspokus hast du die Zeichnung auf dem Papier.«

»Aber die ist ja andersrum«, wandte Margareth ein.

»Jeder Druck ist immer seitenverkehrt zum Original. Sieh, das ist mein Aquarell, das ist der Kupferstich.«

»Aber die Buchstaben sind nicht verkehrt rum«, beobachtete Margareth.

Das Kind ist wirklich schnell im Erfassen, dachte Merian und holte aus einem Kästchen ein kleines Bleiklötzchen und forderte Margareth auf, genau hinzuschauen. »Was siehst du?«

»Ein großes R, aber das ist verkehrt rum«, kam prompt die Antwort.

»Sehr gut beobachtet, Margareth. Alle Buchstaben sind seitenverkehrt aus Blei hergestellt, mit ihnen baut man in einem Kasten den Text zusammen. Bei einer Zeichnung geht das nicht.« Maria Sibylla Merian nahm die kleine glatte Kupferplatte und zeigte, wie man den Stichel und die Hände halten musste, um feine Rillen einzugraben. »Möchtest du mal probieren?«

Margarethe stimmte sofort zu, versuchte es, bekam aber nur eine hauchdünne Rille zustande. »Das ist ganz schön anstrengend.«

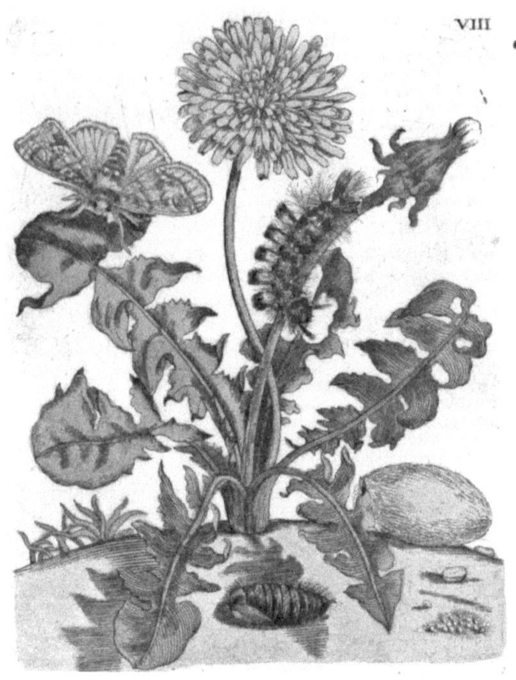

Abb. 5 – »Löwenzahn«, Maria Sibylla Merian

»Da hast du vollkommen Recht, Margareth. Als ich noch eine junge Frau war, habe ich alle meine Aquarelle selbst in Kupfer gestochen, aber später hatte ich keine Kraft mehr, jetzt machen das zwei Männer für mich. Aber ich male die Kupferstiche mit Farben immer selbst aus.«

»Ooooh, darf ich auch einen ausmalen?« fragte Margareth und ihre Augen wurden riesengroß.

Diese sehnsüchtigen Augen, denen konnte die Künstlerin Merian sich nicht verweigern und sie suchte in dem Kasten mit der Ausschussware nach etwas Geeignetem.

»Wie wäre es mit diesem Löwenzahn?«

»Oh, ja, danke, danke, ich male auch ganz schööön.«

Maria Sibylla Merian holte einen kleinen Pinsel und das Farbtöpfchen mit dem Chromgelb, und als sich Margareth mit Wonne ans Ausmalen machte und sich wie im Paradies fühlte, schaute ihr die berühmte Künstlerin gerührt zu.

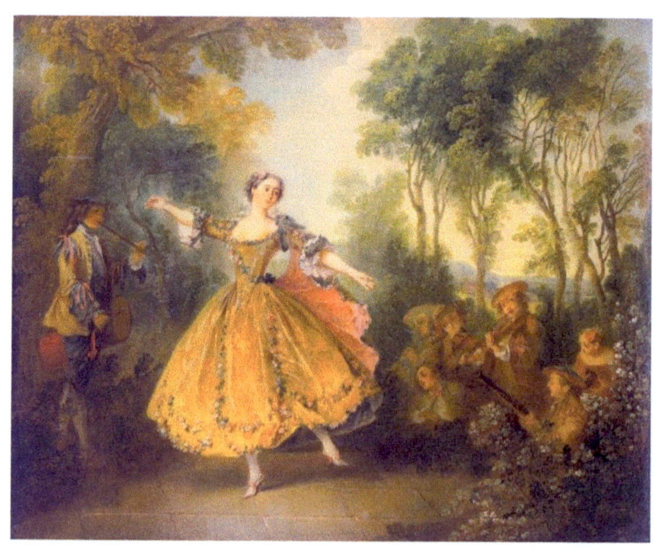

Abb. 6 – »Marie Camargo«, ca. 1730, Nicolas Lancret

Ein bezauberndes Wesen

Brüssel – 15. April 1710

Nicht nur die kleine Margareth war ein reizendes Geschöpf, auch die kleine Marie-Anne, die im Frühling, am 15. April 1710, in Brüssel geboren wurde. Ihr Vater, Ferdinand-Joseph Cupis de Camargo, stammte aus spanischem Uradel. Er unterrichtete die höhere Brüsseler Gesellschaft im Tanz und im Violinspiel. Die kleine Marie-Anne bekam einen jüngeren Bruder, Jean-Baptiste. Wie glücklich war der Vater, dass seine Kinder sich seine Begabungen teilten, Jean-Baptiste spielte Violone, Marie-Anne tanzte. Der Vater förderte seine begabten Kinder in jeder Hinsicht, doch als sie zehn und neun Jahre alt waren, empfand er seine eigenen Fähigkeiten für nicht mehr ausreichend und zog mit seiner Familie nach Paris.

Der Sonnenkönig, Ludwig XIV., hatte in Paris die *Académie Royale de Danse*, die Königliche Akademie für Tanz gegründet. Dort wollte die kleine Marie hin. Ihr blaues Blut war von Vorteil, aber ihr Können musste sie dennoch beweisen und Françoise Prévost vortanzen, der ersten Primaballerina der Pariser Oper. Marie war aufgeregt, denn Françoise Prévost war sehr berühmt, berühmt für ihre Grazie, für ihre Leichtigkeit und ihre Ausdrucksstärke. Die kleine Marie fasste sich ein Herz und tanzte quirlig wie eine Libelle und sanft wie eine Elfe. Françoise Prévost erkannte auf einen Blick, hier hatte sie ein kleines Goldstück vor sich und entschied, sie persönlich zu unterrichten. Als Marie-Anne Cupis de Camargo 20 Jahre alt wurde und Prévost sich von der Bühne verabschiedete, folgte sie ihr nach und wurde erste Primaballerina der Pariser Oper.

Nicolas Lancret, ein Studienfreund von Antoine Watteau, bekam den Auftrag, Marie Camargo – wie sie als Künstlerin genannt wurde – beim Tanzen zu malen. Wie man Bewegung malt, das wusste Lancret nicht so recht, aber um so mehr, wie er das bezaubernde Wesen malen musste, damit sie den Betrachter in Bann zog.

Die Geschwister Camargo zeichnete eine technische Virtuosität aus. Jean-Baptiste erfand in seinem Geigenspiel neue komplizierte Doppelgriffe und Bogenstriche, und Marie beherrschte als erste Frau der Welt den *entrechat quatre,* ein Sprung, bei dem die Füße zwei Mal in der Luft gekreuzt werden, und sie tat dies auch noch in normalen Schuhen mit Absätzen, wie sie damals noch im Balletttanz üblich waren. Marie fand, dass diese Absätze beim *entrechat quatre* hinderlich waren und zudem ihre Sprunghöhe einschränkten. Und so führte sie gleich zwei Neuerungen in das Klassische Ballett ein, Tanzschuhe ohne Absätze und kürzere Röcke. Die damals noch fast bodenlangen Reifröcke mit zahlreichen Unterröcken hatten nicht nur zu viel Gewicht, sie zeigten auch ihre Füße zu wenig. Beide Neuerungen brachten ihr eine große

Vielfalt neuer Ausdrucksmöglichkeiten. Ihr Publikum war begeistert.

Noch hundert Jahre nach ihrem Tode wurde sie durch Werke anderer Künstler geehrt. Der Franzose Charles Lecocq schrieb die Oper *La Camargo*, und der französisch-russische Balletttänzer und Choreograf Marius Petipa – unter dessen künstlerischer Leitung auch die Ballette *Dornröschen* und *Nussknacker* mit der Musik von Tschaikowski standen – widmete ihr das Ballett *Camargo* nach der Musik von Léon Minkus, das am 17. Dezember 1872 Uraufführung hatte, am Marinski-Theater in Sankt Petersburg.

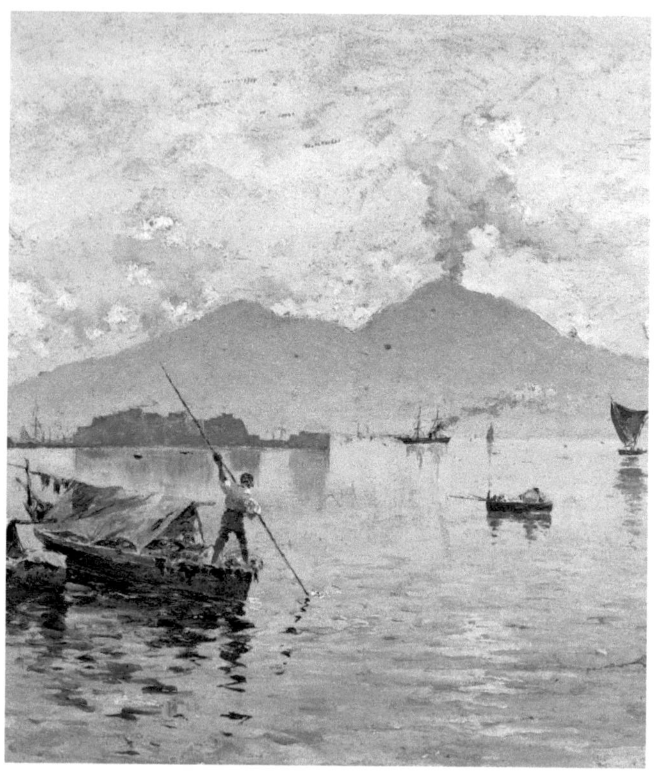

Abb. 7 – »Fischerboot bei Neapel«, Antonio Leto

Luigis Einbruch

RESINA – bei Neapel – April 1710

»Luigi! Vieni!« rief der Bauer seinem Knecht zu, und dabei verweilte er auf jedem der vier i mit einer Ausdauer und einer Lautstärke wie sie nur im Singsang des napolitanischen Dialektes möglich war. »Luigi! Vieni! Avanti!« rief er ein über das andere Mal, was so viel bedeutete wie, »Luigi, komm, mach schon, streng dich an, vorwärts!«

Luigi seinerseits war ein braun gebrannter muskulöser junger Mann, der sich durch das harte Tuffgestein kämpfte, weil sich sein Dienstherr, Ambrogio Nucerino, in den Kopf gesetzt hatte, unbedingt hier einen Brunnen zu errichten.

Luigi kam gut voran und als es Mittag war und die Sonne erbarmungslos brannte, wurde Siesta gemacht, und die galt für den Bauer wie für seinen Knecht. Luigi legte sich in den Schatten einer großen Pinie, Nucerino setzte sich in den seiner Veranda.

Es ergab sich, dass einer der Fischer von Resina, der in aller Frühe schon seinen nächtlichen Fang an Fischen verkauft und sein Vormittagsschläfchen beendet hatte, bei Nucerino, seinem Freund, vorbeischaute und mit ihm das Mittagsmahl einnahm. Die beiden waren so sehr ins Gespräch vertieft, dass sie darüber die Zeit vergaßen. Plötzlich bemerkte der Bauer, dass er keinen Ton mehr von der Grabungsstelle vernahm. Luigi hätte schon längst wieder am Arbeiten sein müssen. War er in den Schacht gestürzt und ohnmächtig? Erschrocken sprang Nucerino auf und eilte zu seinem Brunnenloch. »Luigi, Luigi, was ist geschehen, bist du verletzt? Sag was! «

»Herr, es geht mir gut«, tönte es dumpf von unten, »hab nur ein paar Schrammen. Bin hier eingebrochen. Hier ist was!«

»Kannst du was sehen? Kannst du was fühlen? Ist da Wasser? Wie geht es dir? Was siehst du?« fragte der Bauer in einem wilden Durcheinander, da sich sein napolitanisches Temperament mit der Besorgnis um seinen guten Knecht mischte.

»Herr, ich brauche einen großen Jutesack und Riemen und Paolo muss mir helfen, alleine schaff ich das hier nicht. «

Nach großem Debakel und mehreren Versuchen waren einige Stunden später endlich aus dem Hohlraum das gute Stück und der gute Luigi nach oben geschafft worden.

Während die Sonne zum Meereshorizont wanderte und das große Neapel und das kleine Resina in goldenes Licht tauchte, zog Ambrogio Nucerino die Juteumhüllung von dem weißen Marmorstück.

»Ma che bella!« war sein erster Satz, »welche Schönheit!«, dem gleich ein »ma che palle!« folgte, »so eine Scheiße!«, denn ihm wurde klar, seinen Brunnen konnte er vergessen.

Ein wütender Schweizer in Berlin

»Gopferdammi!« Diesbach konnte auch fluchen, aber nur in Schwiizerdütsch, der Sprache seiner Heimat. »Das Berliner Blau ist meine Erfindung! Ich bin der Farbenhersteller! Nur weil der Herr Johann Leonhard Frisch so ein vornehmer Herr und ein Studierter ist, und er weiß, wie man darüber schreibt, macht er meine Erfindung öffentlich! Wenn ich das schon lese: Notitia Coerulei Berolinensis nuper inventi. Alles in lateinischer Sprache. Jetzt kann ich noch nicht mal verstehen, was er da veröffentlicht hat. Soll er doch Konrektor am Gymnasium bleiben und seine lateinischen Sprüche am Sonntag in der Nicolaikirche zum Besten geben.«

Als sie beide noch zwanzig Jahre jünger waren, hatten sie sich in seinem Schweizer Heimatort kennengelernt. Da war er noch ein netter natürlicher Kerl gewesen, der keinen Standesdünkel kannte. Aber jetzt hier in Berlin war der vornehme Herr Frisch Mitglied der Königlich Preußischen Gesellschaft der Wissenschaften geworden, und er, Johann Jacob Diesbach, war nur ein einfacher Farbenhersteller.

»Das Berliner Blau ist meine Erfindung! Der Frisch hat doch so vieles anderes, was ihn interessiert und womit er schon berühmt geworden ist, all die Vögel,

Fische und Insekten, die er erforscht und zeichnet. Da kann er mir doch mein Berliner Blau lassen«, fand Diesbach, während er ein Döschen des neuen Farbtons für einen französischen Maler in Valenciennes verpackte.

Wenigstens war der Conrad Dippel rechtzeitig aus Berlin entschwunden. Das musste Diesbach unumwunden eingestehen, das war ein Segen. Der Dippel war auch ein Studierter, aber auch ein Radikaler. In seiner ganzen Art, wie er mit Menschen umging. Er war auf der Burg Frankenstein geboren. Was für ein Name, die hätte auch in der Schweiz stehen können, lag aber im Odenwald. Da war ihm der Frisch noch lieber, bei Dippel wusste Diesbach nie, wie er dran war. Wie konnte man ein Theologe und gleichzeitig ein Alchemist sein? Hier in Berlin erfreute er sich jedenfalls hohen Ansehens beim Preußischen König Friedrich I., weil er versuchte, Silber und Quecksilber in Gold zu verwandeln. Und obwohl es ihm nicht gelang, hatte dieser Dippel doch Mitspracherecht beim König, als sein italienischer Alchemistenkollege Caetano bei der Goldherstellung erfolglos blieb. Was hatte Dippel dem König bloß gesagt? Der arme Italiener wurde hingerichtet.

Aber irgendwie musste sich Dippel auch selbst in die Nesseln gesetzt haben, denn er hatte vor drei Jahren plötzlich Hals über Kopf die Flucht ergriffen und Berlin verlassen. Die Wäscherin von gegenüber hatte Diesbach erzählt, dass sie Dippel in einer schwedischen Uniform erkannt hätte. Wie auch immer, er war jedenfalls weg. Und das war für Diesbach ein Segen. Und hoffentlich blieb er weg, und kam nicht eines Tages auf die Idee, sich sein *Dippels-Tieröl* wieder zu holen. Dieses Öl, das er aus Tierknochen und Fleisch gebraut hatte, sollte gegen und für alles gut sein.

Johann Jacob Diesbach war immer noch wütend, dass sich die vornehmen Herren, die des Lateinischen mächtig waren, die Lorbeeren holen konnten, obwohl er doch das Berliner Blau erfunden hatte. Und während er sich noch die Haare raufte, musste er sich in seinem tiefsten Inneren eingestehen, dass er ohne diese zwei studierten Herren nie zu diesem Erfolg gekommen wäre, und dass auch er es eigentlich nicht wirklich erfunden hatte, das Berliner Blau, sondern dass das Ganze ein reiner Zufall gewesen war.

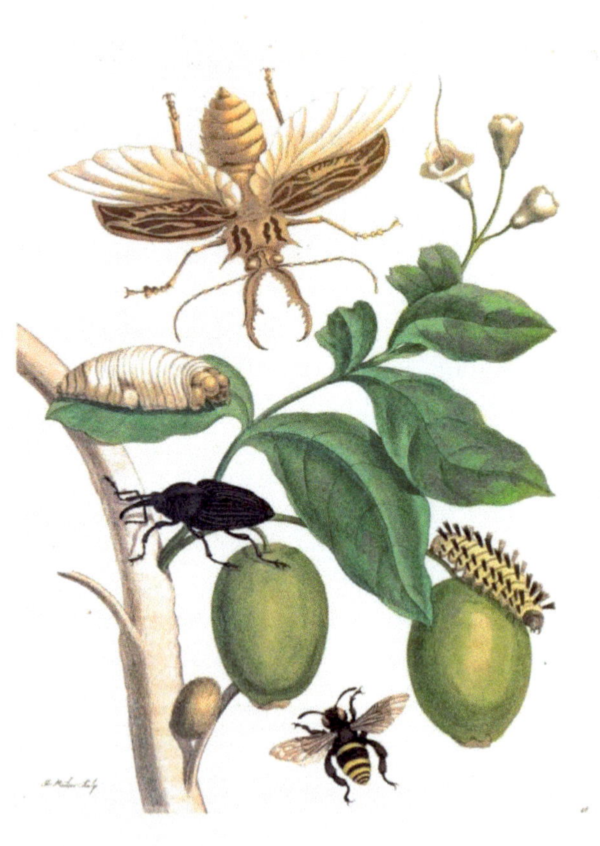

Abb. 8 – »Die Schuhbürste«, Maria Sibylla Merian

Vielerlei Bürsten und vielerlei Freude

»Mam, schau, was ich dir mitgebracht habe, eine neue Haarbürste und eine grobe zum Putzen. Da waren heute zwei Bürsten- und Besenbinder auf dem Markt«, und während Dorothea Graff ihre Einkäufe aus dem Korb nahm, fuhr sie fort, »die zwei kamen von Magdeburg. Stell dir vor, was sie mir erzählten: ein Berliner hat ein neues blaues Farbpigment erfunden.«

»Erfunden oder gefunden?« fragte Maria Sibylla Merian zurück, und wandte für einen kurzen Moment ihren Blick von ihrer Arbeit.

»Wahrscheinlich per Zufall gefunden und jetzt wird er es als erfunden teuer verkaufen«, meinte Dorothea, die durchaus vom Fach war, denn sie hatte oft ihrer Mutter geholfen, die in jüngeren Jahren ihre Familie mit dem Herstellen von Farben finanziell durchgebracht hatte. »Soll ich weiter Nachforschungen betreiben, was es mit dem neuen Blau auf sich hat?«

»Ich weiß noch nicht«, meinte ihre Mutter, »ich werde darüber nachdenken.« Eine neue Farbe, das wäre schon eine spannende Sache. Aber erstmal galt ihre ganze Aufmerksamkeit ihrem Aquarell.

1710 war Maria Sibylla Merian 63 Jahre alt und die berühmteste Naturforscherin ihrer Zeit. Ihr Ruhm als

Künstlerin stand dem in nichts nach. Gerade bereitete sie ihren nächsten Band vor, »Europäische Insekten« sollte der Titel heißen.

Fünf Jahre zuvor hatte sie ihr großes Meisterwerk herausgebracht: »Metamorphosis insectorum Surinamensium« – »Verwandlung der Surinamischen Insekten«. In diesem waren all ihre Schätze von ihrer großen Expedition nach Surinam verewigt. Für verrückt hatten sie alle gehalten, ohne männliche Begleitung, nur mit ihrer 21-jährigen Tochter Dorothea, auf eine solche Reise in die Wildnis zu gehen. Und auch vor Ort lachten sie die holländischen Plantagenbesitzer aus. Aber Maria Sibylla Merian wollte die Natur in den Tropen mit eigenen Augen studieren und plante und finanzierte ihre Reise alleine. Nur die Stadt Amsterdam unterstützte sie. Und Merians Beobachtungen und Ergebnisse sollten überwältigend werden.

1701 wieder zurück in Europa, hatte sie drei Jahre lang an ihrer Prachtausgabe gearbeitet. 60 große Tafeln, je 50 x 35 cm groß, waren zu stechen gewesen. Drei Kupferplatten hatte die Künstlerin selbst gestochen, die anderen Tafeln an zwei berühmte Kupferstecher übergeben, Pieter Sluyter und Joseph Mulder. Besonderen Wert hatte sie auf eine sehr gute Papierqualität gelegt. Waren die Kupferstiche fertig gedruckt, hatte sie sie alle eigenhändig koloriert. Ihr guter Freund Caspar Commelin, der Leiter des Botanischen Gartens in Amsterdam, hatte ihre Texte mit wissenschaftlichen Anmerkungen ergänzt. Das große Werk war in niederländischer und lateinischer Sprache erschienen und hatte Maria Sibylla Merian berühmt gemacht. Gerne hätte sie auch eine Ausgabe in ihrer Muttersprache Deutsch gesehen, doch für diese gab es zu wenig Nachfrage.

Diesmal durfte Margareth gleich ins Atelier kommen, in diesen Raum, der für sie ein Paradies war. Als sie eintrat, saß Maria Sibylla Merian an dem großen Tisch und malte hoch konzentriert. Margareth kam vorsichtig und langsam näher.

»Willkommen Margareth«, sagte Merian leise ohne den Kopf zu bewegen, »schau dir dieses kleine wundervolle Geschöpf Gottes an! Es schaut fast aus wie diese Haarbürste hier, ganz herrliche kleine Borsten«, und während sie dies sagte, malte sie mit einem sehr feinen Pinsel zahlreiche kleine Haare.

Margareth traute sich nicht, irgendetwas zu sagen und wartete ganz still ab, bis die berühmte Künstlerin die Raupe fertig gemalte hatte, die vor ihr auf dem Tisch kroch und an einem Blatt nagte. Dann erst fragte sie: »Schauen alle Raupen wie kleine Bürsten aus?«

»Mehr oder weniger ja«, meine Maria Sibylla Merian, »ich zeige dir eine ganz lustige in meinem Buch von der großen Reise nach Südamerika«, und sie stand auf, holte den Band und schlug die Tafel 48 auf.

Margareth musste sofort lachen: »Die schaut richtig wie eine Bürste aus, wie für Schuhe.«

»Oder schau dir diese an!«

»Ih, die ist richtig stachlig, aber der Schmetterling ist wunderschön!«

»Der war wirklich wunderschön«, schwärmte Maria Sibylla Merian, »teilweise wie poliertes Silber, mit strahlendem Ultramarinblau überzogen, dann ein bisschen Grün und Purpurrot, in der Natur so unbeschreiblich schön, so schön konnte ich ihn gar nicht malen.«

»Ich finde ihn sehr schön gemalt«, meinte Margareth.

»Und wie findest du diesen? Der ist doch auch wunderschön, tiefblau mit roten Streifen und weißen Punkten. Und der lebt hier bei uns in Europa.«

»Der rechte ist sehr schön. Ist der links sein Halbbruder?« wollte Margareth wissen.

»Nein, das ist derselbe Schmetterling, nur von der Seite.«

»Von der Seite sieht er aus«, meinte Margareth, »als ob er unten ein Schmutzhösla anhat und oben sein Sonntagskleid.«

Maria Sibylla Merian schmunzelte, »das könnte ich nicht besser beschreiben.«

»Darf ich nochmal das Buch von der großen Reise anschauen?« fragte Margareth.

»Aber gerne«, und Maria Sibylla Merian blätterte ganz langsam das große Werk durch, Seite für Seite, und erklärte Margareth alles, was sie wissen wollte. Besonders das Bild von der Bananenstaude hatte es Margareth angetan, die wollte sie abmalen.

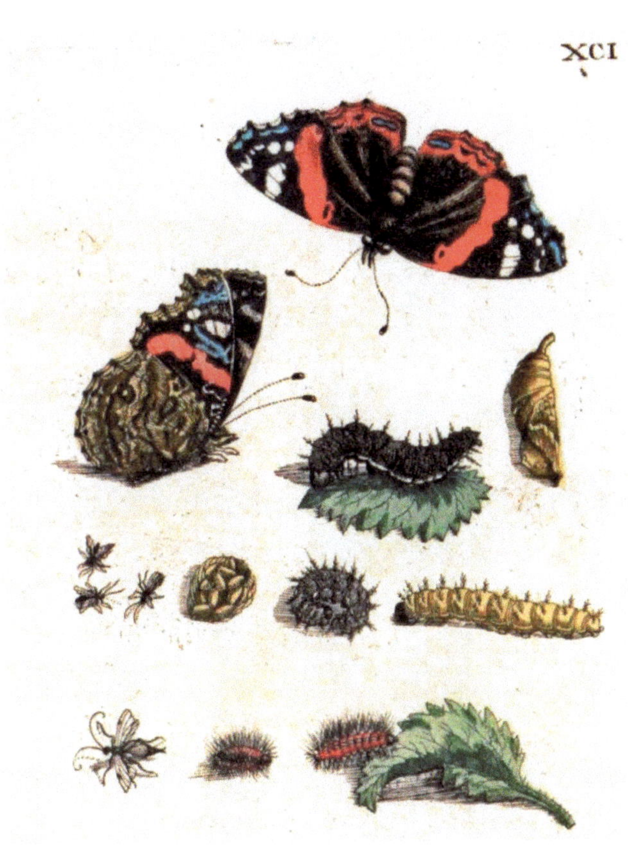

Abb. 9 – »Der Admiral mit Schmutzhösla«, Maria Sibylla Merian

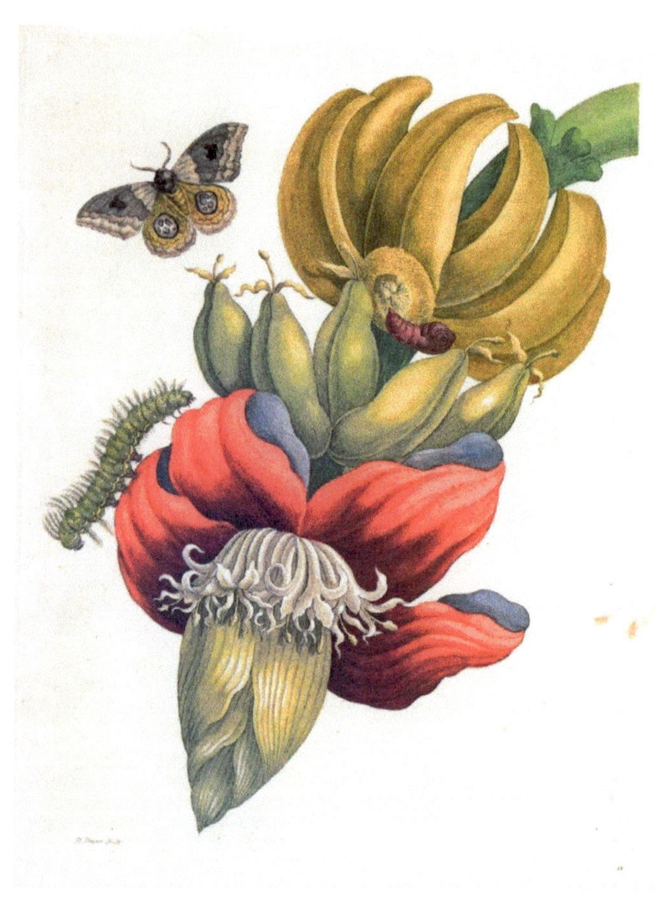

Abb. 10 – »Bananenpflanze«, Maria Sibylla Merian

Während Maria Sibylla Merian der kleinen Malerin wieder ein Plätzchen mit Pinseln und Farben herrichtete, fragte diese: »Hattest du keine Angst, Tante Sibylla, so alleine im Dschungel?«

»Ich war nie allein, Margareth. Einmal war Dorothea immer dabei. Und dann halfen mir die Einheimischen. Sie haben uns einen Weg mit ihren Macheten, das sind riesige Messer, frei geschlagen, sonst hätten wir kaum einen Schritt vorwärts gehen können, denn im Dschungel sind die Pflanzen ganz dicht, wie eine Mauer.«

»Bist du traurig, dass du nicht mehr dort bist?« wollte Margareth wissen.

Maria Sibylla Merian überlegte einen Moment, dann meinte sie, »ich denke nein. Die Erinnerungen bleiben, und ich kann mich an alles erinnern. Das Klima war sehr feucht und heiß, für uns Europäer nicht gewohnt. Ich bin auch sehr krank geworden, habe hohes Fieber bekommen. Malaria nennt man diese Krankheit. Dadurch musste ich mit Dorothea nach zwei Jahren zurück nach Amsterdam. Hier bin ich wieder gesund geworden und konnte mein großes Buch schreiben und stechen und malen und herausgeben. Das wird immer bleiben.«

»Bist du berühmt, Tante Sibylla?«

»Ich weiß nicht recht, vielleicht? Aber das ist nicht so wichtig. Wichtig ist, dass du immer deinem Herzen folgst. Dein Herz zeigt dir, was dir Freude macht. Meine war schon immer bei der Natur, bei Gottes großer Schöpfung, bei den Blumen und den kleinen Tieren, wie sie leben, was sie fressen, wie sie sich verwandeln. All das hat mir immer Freude gemacht, schon als kleines Mädchen, und es macht mir heute noch Freude und es macht mir auch Freude, wenn ich mit meinen Büchern anderen eine Freude mache.«

Der verlorene Freund

Das Herz seiner Königlichen Hoheit erbarmte sich nicht, auch Weißes Gold brachte Johann Friedrich Böttger keine Freiheit. Ihn überfiel eine Schwermut. Es war ihm, als läge sich ein großes schwarzes Ungetüm auf seine Schultern. Er kannte es gut, dieses Gefühl, sechs Jahre zuvor war es ihm schon einmal so ergangen. Damals war er das erste Mal in seinem Leben August dem Starken persönlich gegenüber gestanden. Schon von seiner Körpergröße her hatte der König ihn um einen Kopf überragt. Aber das war nicht das eigentliche Problem gewesen. Wie oft hatte sich Böttger zuvor ausgemalt, wie es sein würde, dem König persönlich zu begegnen, hatte sich erhofft, dass sich in ihm ein Funke der Begeisterung entfache, der ihn durch all sein Schaffen tragen, der ihn beflügeln würde, sein Werk ganz in den Dienst des Sächsischen Königs zu stellen. Doch als er ihm von Angesicht zu Angesicht gegenüberstand, da verließ ihn jede Kraft. Der König amüsierte sich über ihn und spielte mit ihm wie mit einer Marionette. Wie gelähmt hatte Böttger alles mit sich geschehen lassen. Nach der Begegnung war aller Elan entschwunden, Böttger wurde nachlässig, selbst in den Tätigkeiten, die er zuvor mit Freude erledigt hatte. Und der König wurde wütend.

Er setzte Böttger den fast 30 Jahre älteren Walther von Tschirnhaus vor die Nase, der den Fortgang von Böttgers Arbeiten überwachen sollte.

Ehrenfried Walther von Tschirnhaus war Mathematiker, Physiker, Mineraloge, Vulkanologe, aber auch Philosoph, ein Gelehrter seiner Zeit. Böttger war zunächst misstrauisch gegen den Mann, der sein Vater hätte sein können. Aber es währte nicht lange, und er wurde zu einem väterlichen Freund. Dabei trennten sich ihre Wege zunächst, denn dem König beliebte es, seinen jungen Goldmacher auf die Albrechtsburg nach Meißen bringen zu lassen, während Tschirnhaus in Dresden blieb. Ein Durchbruch bei der Herstellung von rotem Porzellan gelang. Doch im September 1706 kam für ein ganzes Jahr alles zum Erliegen, da schwedische Truppen in Sachsen eingefallen waren und Böttger mit anderen Staatsgefangenen auf die Festung Königstein verbracht wurde.

Es war von Tschirnhaus gewesen, der Böttger über die schwierige Zeit der Untätigkeit hinweghalf. Er war so viel gereist und wusste so viel zu erzählen. In dem gleichen Alter, als der junge Böttger seine Apothekerlehre in Berlin machte, hatte von Tschirnhaus in den Niederlanden studiert. Danach war er für einen Forschungsaufenthalt nach London gegangen, wo er als Mathematiker brillierte, wurde weiter nach Paris empfohlen, um sich mit anderen Gelehrten über den Bau optischer Linsen und die Reflexion des Lichtes auszutauschen. Wenn man das Licht in einem Hohlspiegel bündelte, konnte man damit Materialien zum Schmelzen bringen. Diese ersten Versuche, an denen der damals 24-jährige Tschirnhaus 1675 in Paris teilnehmen durfte, sollten dreißig Jahre später eine der entscheidenden Erkenntnisse für die Porzellanherstellung werden.

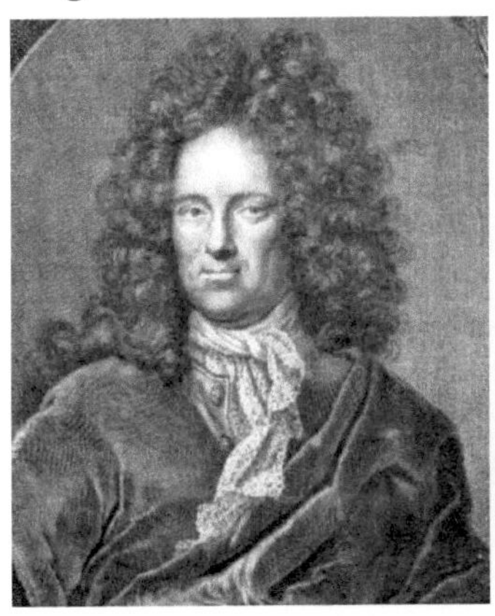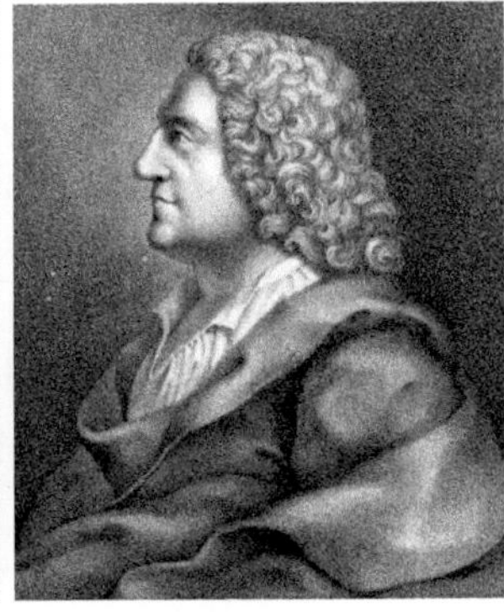

Abb. 11 – links, Ehrenfried Walther von Tschirnhaus
rechts, Johann Friedrich Böttger

Stunden über Stunden konnte der junge Böttger dem älteren Freunde lauschen, und seine Sehnsucht, endlich aus dem Goldenen Käfig des Sächsischen Königs ausbrechen zu können, wurde immer größer. Besonders Tschirnhaus' Erzählungen über seine drei Jahre dauernde Reise durch Italien führten zu unerträglichem Fernweh. In Turin und Mailand war der junge Tschirnhaus gewesen, hatte in Venedig die Kunst der Glasbläser studiert, verschiedene Linsen und Spiegel herzustellen, und war über Bologna bis nach Rom gereist, wo er besondere Schleiftechniken erlernte. Dann packten ihn die Vulkane. Zuerst besuchte Tschirnhaus Neapel und den Vesuv, dann ging seine Reise weiter nach Sizilien, nach Palermo und auf den größten aller europäischen Vulkane, auf den Ätna. Und zuletzt betrieb er vulkanologische Untersuchungen am Krater des Stromboli auf den Liparischen Inseln nördlich von Sizilien.

Böttger liebte das Geräusch der Brennöfen in der Manufaktur, aber was waren Keramikbrennöfen gegen einen mächtigen Vulkan? Was war er für ein Narr gewesen, Gold herstellen zu wollen. Er hätte lernen sollen, wie man Düfte kreiert, die allerseits immer mehr in Mode kamen, insbesondere am Hofe. Dann hätte er im Auftrag des Königs nach Süden reisen können, um Orangen- und Rosenblüten einzukaufen.

Tschirnhaus hatte sein Fernweh verstanden und sich beim König für seinen jungen Freund eingesetzt, mit dessen Gesundheit es nicht zum Besten stand. Und so durfte sich Böttger 1707 innerhalb der Palisadenumzäunung seines schwer bewachten Wohnsitzes eine Orangerie anlegen, sein kleines Italien, in dem Orangen- und Zitronenbäumchen Früchte trugen und mit ihren Blüten einen betörenden Duft verströmten.

Ende des Jahres 1707 war den beiden Freunden, von Tschirnhaus und Böttger, erstmals die Herstellung eines Gefäßes aus Hartporzellan gelungen. Doch dieser Erfolg wurde für Tschirnhaus durch den Tod seiner zweiten Frau überschattet und für Böttger blieb die Sehnsucht und die Hoffnung auf Freiheit.

Tschirnhaus' Hoffnungen hatten sich in seinem Leben auch nicht immer alle erfüllt. Im Alter von 36 Jahren konnte er perfekte Brennspiegel in verschiedenen Größen herstellen. Sie fanden in unterschiedlichen Gebieten Verwendung, von der Optik und Akustik bis zur Medizin. Auch so mancher europäische Fürstenhof begehrte die Brennspiegel als reizvolles und exklusives Sammelobjekt für die eigene Kunstsammlung. Und dennoch konnte von Tschirnhaus mit den Brennspiegeln die erhoffte wirtschaftliche Unabhängigkeit nicht erlangen. So übernahm er 1692 die Leitung von kurfürstlichen Laboratorien, um weitere Forschungen finanzieren zu können. Der Kurfürst, dem die Laboratorien unterstanden, war kein anderer als der Bruder August des Starken gewesen, der sächsische Kurfürst Johann Georg IV.

Böttger und von Tschirnhaus verstanden sich gut und der Ältere tat alles, was in seiner Macht stand, um den Jüngeren zu unterstützen und die Aufmerksamkeit des Königs von der so offensichtlich nicht gelingenden Goldherstellung zur schon gelungenen Porzellanherstellung umzulenken. Doch das Jahr 1708 sollte für die beiden Freunde ein Schicksalsjahr werden. Ende April hatte Böttger die Organisation zur Errichtung einer dauerhaften Porzellanproduktion in Dresden übernommen. Als Staatsgefangener durfte er jedoch nicht öffentlich in Erscheinung treten. August der Starke ernannte aber nicht von Tschirnhaus als Administrator, sondern Dr. Bartholomäi, den Leibarzt, der auf Befehl des Königs auch in die Geheimnisse der Porzellanherstellung eingeweiht werden sollte. Was auch immer die eigentlichen Gründe gewesen sein mögen, ob Böttgers Jugend oder sein Fluchtversuch, auf alle Fälle ließ ihn der König als einzigen von den drei Geheimnisträgern unbarmherzig bewachen. Im Mai wurde ein zweiter Palisadenzaun um seinen Wohnsitz gezogen und zusätzlich an jeder Ecke dieser Umzäunung eine Laterne aufgestellt, sowie die Zahl der Wachposten erhöht. Von Tschirnhaus wurde dagegen vom König zum Geheimen Rat und zum Direktor ernannt und großzügig bezahlt.

Doch all dies kam für ihn zu spät, denn vier Monate später, am 11. Oktober 1708, starb Ehrenfried Walther von Tschirnhaus, und Johann Friedrich Böttger hatte seinen Förderer und seinen besten Freund verloren.

Die beste Prinzessin der Erde

COBURG – 10. August 1710

Die größte Orangerie im deutschsprachigen Raum sollte eine Prinzessin erbauen lassen, Luise Dorothea Prinzessin von Sachsen-Meiningen. Sie wurde 250 km südwestlich von der Porzellanstadt Meißen, am 10. August 1710 geboren. Luise kam in Coburg, im Schloss *Ehrenburg* auf die Welt, weilte aber den größten Teil ihres Lebens 120 km weiter nördlich, in Gotha, auf Schloss *Friedenstein*. Dort waren ihre beiden Eltern geboren worden, die Cousin und Cousine zueinander waren.

Luises Vater, Ernst Ludwig I. Herzog von Sachsen-Meiningen, befehligte einige Regimenter gegen Frankreich und war auch regional in viele militärische Konflikte verwickelt, da er seinen Herrschaftsbereich vehement gegen andere Familienmitglieder, einen Halbbruder und drei Onkel, vergrößern wollte. Luises Mutter, Dorothea Maria von Sachsen-Gotha-Altenburg, war eine sehr gebildete Frau, die mit ihrem Gatten die Liebe zur Musik und Poesie teilte.

Die kleine Luise, die nur Brüder hatte, war erst drei Jahre alt, als ihre Mutter verstarb. Mit vier Kleinkindern im Schloss brauchte der stets militärisch aktive Herzog unbedingt eine neue Frau. Er entschied sich für Elisabeth Sophie, eine Tochter des Kurfürsten

Friedrich Wilhelm von Brandenburg, der Kurfürst, mit dem sich August der Starke um den Goldmacher Böttger gestritten hatte. Die Erwählte war ihrerseits schon zweifache Witwe. Ihr erster Ehemann war Friedrich Kasimir Kettler Herzog von Kurland gewesen. Kurland war ein kleines Fleckchen Land an der Nordseeküste, das später einmal zu Lettland gehören sollte. Ihr gemeinsamer Sohn, Friedrich Wilhelm, sollte später Anna Iwanowna, Zarin von Russland heiraten.

Elisabeth Sophies zweiter Mann wurde der 30 Jahre ältere Markgraf Christian Ernst von Brandenburg-Bayreuth. Dessen älteste Tochter aus erster Ehe, Christiane Eberhardine, die August den Starken von Sachsen geheiratet hatte, war gerade mal drei Jahre jünger als Elisabeth Sophie. War es der große Altersunterschied, oder weil die Ehe kinderlos blieb und sich die junge Markgräfin langweilte, sie wickelte ihren Ehemann um den kleinen Finger und lebte einen sehr prachtvollen und kostspieligen Lebensstil, der die Staatsschulden beträchtlich erhöhte. Und dennoch schenkte ihr der Markgraf noch ein eigenes Schloss in Erlangen, das er *Elisabethensburg* taufte.

Als der Herzog von Sachsen-Meiningen 1724 gestorben war, zog die 14-jährige Luise mit ihrer Stiefmutter Elisabeth Sophie nach Coburg. Luises Glück und Segen war, dass ein Jahr zuvor ein adliges Fräulein an den Gothaer Hof gekommen war, die – nur drei Jahre älter als Luise – mit nach Coburg umziehen durfte, Juliane Franziska Freiin von Neuenstein.

Die beiden verstanden sich prachtvoll, sie waren ein Herz und eine Seele. Sie redeten und beredeten den ganzen Tag lang alles, tauschten sich aus über Gott und die Welt. Sie lasen alle Bücher, derer sie habhaft werden konnten. Die Natur liebten sie, erforschten Fauna und Flora, und sammelten vierblättrigen Klee und Wiesenblüten, um sie zwischen Buchseiten zu trocknen. Sie sangen und musizierten zusammen, und sie schrieben Gedichte und Geschichten. Manchmal schrieben sie sich gegenseitig Briefe und schlüpften dabei in die Rolle einer weiblichen oder männlichen Romanfigur, um dabei vehement deren Lebensanschauung zu verteidigen. Juliane Franziska war gebürtige Französin und so lernte die jüngere Luise spielend die französische Sprache zu sprechen und zu schreiben, die im Jahre 1710 an den europäischen Königshöfen in Mode war, aber auch an den kleinen Herzogshöfen Thüringens.

Juliane Franziskas Vater, Philipp Jakob Freiherr von Neuenstein, stammte aus dem Elsass und war Oberjägermeister in Paris gewesen, wo seine Tochter 1707 geboren wurde. Ihre Mutter war Hofdame, stammte aus einem französischen Adelsgeschlecht und trug schon vor ihrer Hochzeit einen langen Namen, Dame Jeanne Marguerite de Moysen de la Rochelogerie. Das Ehepaar hatte kein glückliches Leben in Frankreich, denn sie waren Hugenotten, wie die französischen Protestanten bezeichnet wurden. Der Sonnenkönig Ludwig XIV. erklärte sich als absoluter Alleinherrscher, und so war in Frankreich nur sein Glaube, der katholische anerkannt. Kurz bevor die kleine Juliane Franziska geboren wurde, hatte der Sonnenkönig über 400 Dörfer der Hugenotten dem Erdboden gleichgemacht. Es war nur noch eine Frage der Zeit, bis sie zwangsweise zum Katholizismus übertreten mussten, und so machte sich der Freiherr von Neuenstein mit seiner Familie trotz aller Gefahren auf den Weg nach Deutschland. Dort gab es zahlreiche Fürstenhäuser, die den protestantischen Glauben unterstützten und den Hugenotten Zuflucht boten. Einer von ihnen war kein anderer als der Markgraf Christian Ernst von Brandenburg-Bayreuth, der zweite Ehemann von Luises Stiefmutter. Er hatte in der Stadt Erlangen ein großes Gebiet für geflüchtete Hugenotten anlegen lassen, die der Stadt zu einer wirtschaftlichen Blüte verhalfen.

Die Freundschaft zwischen der Prinzessin Luise Dorothea und der Freiin Juliane Franziska war unerschütterlich und sollte ein ganzes Leben lang halten. Nur ein einziges Mal waren sie für einen längeren Zeitraum von einander getrennt. Das hatte Luises Stiefmutter zu verantworten, die wohl immer ein wenig eifersüchtig auf die innige Freundschaft der beiden jungen Frauen gewesen war. Da aber noch Luises Vater die Freiin an den Hof von Gotha geholt hatte, traute sie sich nicht, sie zu entlassen. Doch dann kam der 17. September 1729 und Luise Dorothea Prinzessin von Sachsen-Meiningen heiratete ihren zwölf Jahre älteren Cousin, Friedrich III. Herzog von Sachsen-Gotha-Altenburg. Der Bräutigam konnte seiner

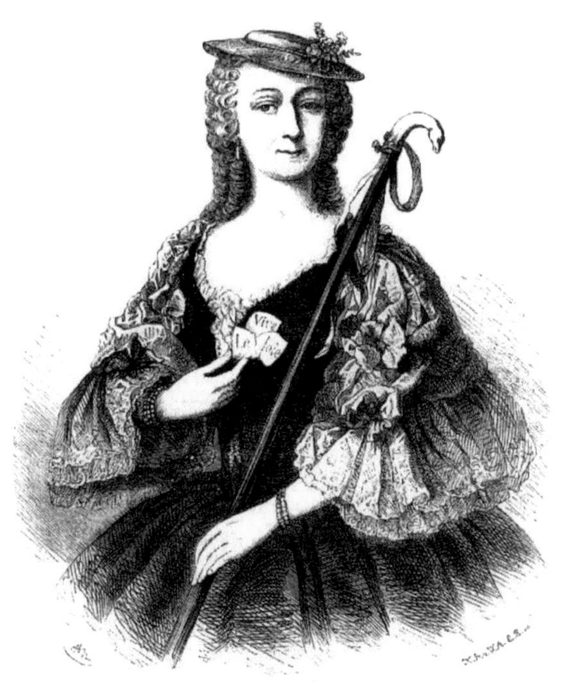

Abb. 12 – Luise Dorothea Herzogin von Sachsen-Gotha-
Altenburg, geb. von Sachsen-Meinigen

Braut in Hinsicht Wissen und Bildung nicht das Wasser reichen, aber er war ein gutmütiger und für Kultur
durchaus empfänglicher Mann, der die Qualitäten
seiner jungen Ehefrau wertschätzte. Er hatte auch
nicht die geringsten Einwände, dass seine Frau ihre
beste Freundin mit nach Schloss Friedenstein holen
wollte. Doch Luises Stiefmutter, deren Enkel und
einziger Sohn in Russland lebten, hatte entschieden

etwas dagegen und wollte Juliane Franziska als Gesellschafterin behalten. Sieben Jahre lang beharrte sie darauf und wies alle Bitten ihrer Stieftochter ab. Als Luise ihr erstes von neun Kindern gebar, riss ihr der Geduldsfaden und sie bestellte hoch offiziell ihre Freundin als erste Hofdame an den Hof von Gotha.

Juliane Franziska schwärmte sehr für einen jungen Mann, dessen Gattin sie aber niemals werden konnte, für den etwas jüngeren Kronprinz Friedrich von Preußen. Auch Herzogin Luise mochte den jungen Mann, mit dem sie sogar verwandt war. Als 1730 ganz Europa auf das größte Unglück im Leben des jungen Kronprinzen schaute, bangten und trauerten auch die beiden Freundinnen in Gotha um ihn. Der junge Friedrich wollte sich seinem tyrannischen Vater, Friedrich Wilhelm I. König von Preußen, durch eine Flucht nach England entziehen. Mit von der Partie war sein Freund und engster Vertrauter, Leutnant Hans Hermann von Katte. Die Flucht wurde vereitelt, die Freunde festgenommen, und von Katte von Friedrichs Vater, den man auch den preußischen Soldatenkönig nannte, per allerhöchstem Befehl zum Tode verurteilt. Königliche Soldaten hatten den Befehl, den Kopf des jungen Prinzen so gegen die Gitterstäbe zu pressen, dass er die Enthauptung seines Freundes mit ansehen musste. Anfangs wollte der Preußische König auch noch seinen eigenen Sohn wegen Landesverrats hinrichten lassen, verwandelte das Urteil aber dann doch in eine Festungshaft, da sich selbst Kaiser Karl VI. für den jungen Kronprinz eingesetzt hatte.

Mit diesem jungen Kronprinzen, der mit seiner späteren Regentschaft als Friedrich der Große in die Geschichte einging, stand Luise, die Herzogin von Gotha, in regem Kontakt. Sie schätzten sich in ihrer Bildung, ihrer Weltgewandtheit und in ihrem Kunstverständnis. Und Luises Ehemann schätzte seine Frau, denn ihr und ihrer guten Beziehung zu Friederich dem Großen war es zu verdanken, dass das Herzogtum Sachsen-Gotha während des Siebenjährigen Krieges verschont blieb.

Luise und Juliane Franziska, die sich beide für Politik interessierten, nahmen an den Verhandlungen des Geheimen Rates teil, für einen kleinen Hof in Thüringen in der Mitte des 18. Jhs eine große Außergewöhnlichkeit. Herzogin Luise verstand es, ihrem Mann eine kluge Beraterin zu sein, ohne seine Autorität in Frage zu stellen und sie verstand es, den Wohlstand des Landes zu fördern. Für das Holz aus den Thüringer Wäldern ließ sie neue Absatzmöglichkeiten in England erkunden, und in ihrer Heimat ließ sie ein Eisenschmelzwerk errichten, das nach ihr *Luisenthal* benannt wurde. Und auf ihre Anregung hin entstand in den Gärten um Schloss *Friedenstein* die größte Orangerie im deutschsprachigen Raum. Nach einem Inventarium gab es in der mehrteiligen Anlage 282 Zitronenbäume, 608 Orangenbäume, zu denen auch Pampelmusen und Pomeranzenbäume zählten, sowie

300 Lorbeerbäume, größtenteils als Kugeln oder Pyramiden zugeschnitten.

Weit über die Grenzen des Herzogtums Gotha hinaus wurde auch die von Luise gegründete Gesellschaft für philosophischen und literarischen Austausch berühmt, die sich regelmäßig in dem kleinen Lustschlösschen *Friedrichswerth* traf. Die bekanntesten Philosophen und Literaten ihrer Zeit verstand Luise nach Gotha zu holen.

Die zwei weltweit bedeutendsten Männer, die zum Gedankenaustausch kamen, waren Friedrich der Große und der französische Philosoph und Schriftsteller Voltaire. Die beiden Männer verband eine langjährige Freundschaft, immer wieder geprägt durch Hassliebe, heftige gegenseitige Verletzungen und große gegenseitige Wertschätzung. Beide kamen mehrmals nach Gotha, doch jeder für sich.

Friedrich der Große duldete an seinem eigenen Hofe keine Frauen in den Runden, mit denen er speiste, diskutierte und musizierte. In Schloss *Friedenstein* aber liebte er die Gesellschaft von Herzogin Luise und Juliane Franziska, mittlerweile Freifrau von Buchwald. Dort kleidete er sich leger und spielte die Flöte in gemeinsamen Konzerten.

Voltaire – auf der Flucht nach einer heftigen Auseinandersetzung mit Friedrich dem Großen – blieb 1753 für einige Wochen in Gotha, auch um dort zu schreiben. Er liebte die Gespräche in seiner Muttersprache mit den beiden Frauen, die er in großer Ehrfurcht bewunderte. Er verewigte sie in seinen Briefen

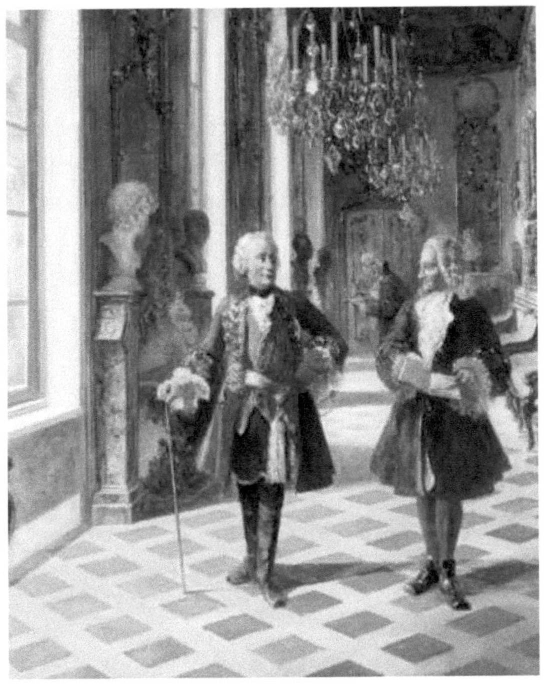

Abb. 13 – Friedrich der Große und Voltaire

und Memoiren. »Die beste Prinzessin der Erde«, nannte Voltaire Herzogin Luise, »die Sanfteste, die Weiseste, die Gerechteste«. Welche Worte aus dem Munde und aus der Feder eines Mannes, der sich einem preußischen König gegenüber als gleichberechtigt ansah und ihn ab und zu deutlich kritisierte. Auch der Ausdruck eine »deutsche Minerva« ist von Voltaire über Luise überliefert, Minerva, die antike Göttin der Weisheit, die bei den Griechen Athene ge-

nannt wurde und aus dem Kopfe ihres Vaters Zeus
entsprungen war.

Der Ururenkel der besten Prinzessin der Erde, Prinz
Albert von Sachsen-Coburg und Gotha, erlangte eine
noch größere Berühmtheit als seine Vorfahrin, denn
er heiratete die zu seiner Zeit mächtigste Frau der
Welt, die englische Königin Victoria. Aber das ist eine
eigene Geschichte.

Zwei Schönheiten auf Reisen

Resina – August 1710

Wie ein Lauffeuer hatte es sich in dem kleinen Resina herumgesprochen, dass der gute Luigi beim Brunnengraben eingebrochen und dabei nicht nur unverletzt geblieben war – gesegnet sei Maria – sondern auch noch einen großen Fund gemacht hatte. Doch 1710 gab es noch keinen Finderlohn für ausgegrabene Schätze, und schon gar nicht für einen Knecht.

Aber auch der Bauer, Ambrogio Nucerino, getraute sich nicht, Rechte auf den Fund anzumelden, denn in Folge der Spanischen Erbfolgekriege beherrschten zu dieser Zeit die Habsburger Neapel. Kaiser Joseph I. war sehr an Italien gelegen, weshalb er sich aus dem Großen Nordischen Krieg heraushielt, anders als der Schwiegervater seiner ältesten Tochter, der kein anderer war als August der Starke.

Für den Bauer war es zu gefährlich sich ohne Abstimmung mit der Obrigkeit an den Verkauf zu machen. Und an wen sollte er verkaufen, ohne dass ihm seine Widersacher aus der Nachbarschaft oder andere napolitanische Schlitzohre in die Quere kamen oder ihn gar bestahlen.

Heute war der entscheidende Tag, heute sollte er kommen, Emmanuel Maurice Herzog von Elbeuf.

Der Bauer wusste nicht recht, wer ihm da begegnen würde, denn der Herzog war einerseits der oberste Befehlshaber der österreichischen Armee in Neapel, andererseits aber hatte Nucerino gehört, dass er ein französischer Adliger sei. Beides zusammen war in der Vorstellung des Bauern unvereinbar. Hätte er gewusst, wie erbarmungslos der französische Sonnenkönig, Ludwig. XIV., mit ihm nicht ganz genehmen Untertanen umsprang und sie ins Ausland verbannte – auch die Adligen – hätte er es durchaus verstanden.

Ein Tisch voller köstlicher Speisen auf der schattigen Terrasse war auf alle Fälle eine gute Vorbereitung. Und dann nahm Nucerino vorsichtshalber noch einige Holzlatten und legte sie über den ungepflasterten Weg zu seiner Eingangstür, damit die eleganten Schuhe des Adligen nicht von Staub bedeckt würden. Und daran hatte er gut getan, denn als die Kutsche vorgefahren war und der Herzog ausstieg, trug er eine militärische Uniform, aber seine Stiefel waren so hochglanzpoliert, dass man sich in ihnen spiegeln konnte.

Der Herzog von Elbeuf war neugierig, was er zu sehen bekäme. Wenn schon nach Italien verbannt, dann wenigstens einen antiken Schatz erwerben, zu dem er in Frankreich nicht gekommen wäre. Zudem konnte ein antiker Schatz ein gutes Hochzeitsgeschenk für seine auserkorene Braut, Maria Teresa de Stramboni, sein. Und wenn es eine wundervolle Statue sein sollte, machte sie sich sicherlich prächtig in seiner neuen Villa. Diese wurde gerade auf einem herrschaftlichen Anwesen außerhalb von Neapel, in

Portici, erbaut, nur einen Katzensprung von Resina entfernt

Es war zunächst mehr eine Unterhaltung der Mimik und der Gestik als der Sprache, denn der Bauer verstand die gewählten Worte des Adels nicht, und der Herzog verstand den einheimischen Dialekt des Bauern nicht. Und doch wurden sie sich nach dem köstlichen Mahl schnell einig. Herzog von Elbeuf hätte wie der Sonnenkönig vorgehen und Nucerino enteignen können. Der Herzog aber war ein ehrenhafter Mann, der unter seiner eigenen Verbannung litt. So gab er Nucerino zu verstehen, dass er ihm nicht nur die zwei Statuen, sondern auch das Land bezahlen würde, auf dem sie gefunden worden waren. Das verstand Nucerino sofort. Und der Herzog hatte schon nach dem ersten flüchtigen Blick auf die zwei Marmorstatuen verstanden, dass hier antike Schätze vor ihm standen und welche Möglichkeiten sich für ihn boten, wenn ihm das Land für weitere Ausgrabungen gehörte.

Der Herzog steckte mit dem Bauer und dessen Knechten zusammen das von ihm erwünschte Areal ab, erstellte Ambrogio Nucerino ein handschriftliches Kaufdokument, dem noch ein hoch offizielles mit Siegel folgen sollte. Für Nucerino, der des Lesens und Schreibens nicht mächtig war, hatte das Dokument weit weniger Überzeugungskraft als der Beutel mit den klingenden Münzen, den er als erste Anzahlung erhielt.

Die Knechte mussten die zwei Frauenstatuen, eine größere und eine kleinere, mit vielen Jutesäcken um

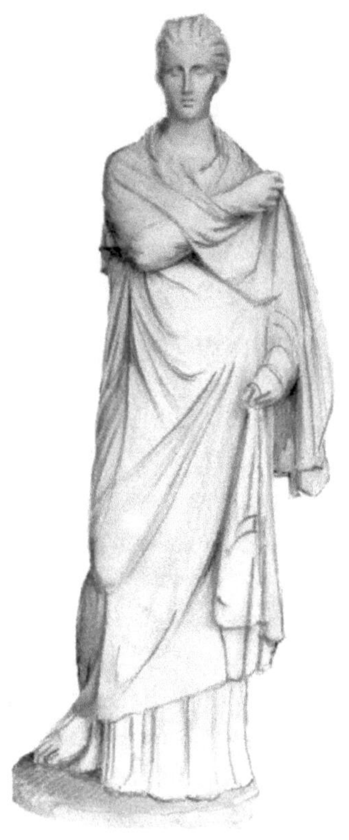

Abb. 14 – Kleine Herkulanerin

wickeln, damit sie unbeschadet mit dem Herzog auf Reisen gehen konnten. In einem kurzen unbeobachteten Moment gab Luigi der kleineren Statue einen Kuss und streichelte zärtlich ihre Wange. Er glaubte fest daran, dass sie ihm Glück bringen würde, auch wenn sie mit dem Herzog auf Reisen gehen musste. Schließlich waren es seine Augen gewesen, die sie als erste gesehen, waren es seine Hände gewesen, die sie als erste berührt hatten, nachdem sie mehr als eineinhalb Jahrtausende in tiefer Dunkelheit überdauert hatte. Luigi sollte Recht behalten, denn auch Ambrogio Nucerino war ein ehrenhafter Mann und wusste genau, dass er ohne seinen Luigi keinen Handel mit dem Herzog hätte machen können. Und so bekam auch Luigi einen kleinen Anteil aus dem Beutel mit den klingenden Münzen.

Und der Herzog bekam seine zwei Schönen, die mit ihm in der Kutsche nach Neapel reisen sollten. Sein Kutscher jedoch war wenig begeistert, denn die Straßen seien voller Steine und Schlaglöcher, und da könne er keine Gewähr geben, dass die beiden heil an ihr Ziel kämen. Der Herzog, der ein belesener Mann war, machte sich ein Verfahren aus der Antike zu Nutze und wies den Bauer an, ihm zwei Tröge voller Linsen in die Kutsche zu geben, in die er die Statuen stellen wolle. Wann immer ein Schlagloch die Kutsche erschütterte, rutschten beide Statuen in ihrem Linsenbett hin und her, ohne Schaden zu nehmen.

In Neapel angekommen trug der Herzog seine zwei Schönen persönlich in sein Haus, befreite sie von ihrer Verpackung und betrachtete sie in aller Stille und mit großer Freude. Die größere Statue trug über der Toga noch eine Palla, einen über den Kopf gezogenen Umhang. Der Kopf der kleineren war unbedeckt, ihre rechte Hand lag vor der Schulter, als sei sie gerade im Begriff, sich die Palla anzulegen. Beide zeigten den Kontrapost, die leicht geschwungene Körperhaltung, bei der das Gewicht auf dem Standbein ruht, während das andere elegant zur Seite gestellt ist, beide zeigten die ebenmäßigen Gesichtszüge, die gerade Nase, den wohlgeformten Mund der klassischen Epoche. Was für ein Licht- und Schattenspiel in den Gewandfalten, welche Schönheiten!

Die Ausgrabungen auf dem gekauften Areal sollten sich durch die harte Tuffschicht als äußerst schwierig erweisen. In den wenigen Jahren, die Herzog von Elbeuf noch in Italien blieb – auch ein Sonnenkönig ist sterblich – wurden noch sieben weitere Funde gemacht. Sollte er sie alle auf der Rückkehr in seine Heimat mitnehmen? Der Herzog entschied sich, seine zwei Schönen dem Mann zu schenken, dessen Unterstützung er für seine Rückkehr nach Frankreich dringend benötigte, Prinz Eugen. Dieser hatte wie er französische Vorfahren, war nach dem König der höchste Militär im Habsburger Reich und zudem einer der bedeutendsten Kunstsammler seiner Zeit. Und so kam es, dass die zwei antiken Schönen von Portici bei Neapel nach Wien reisten.

Mit der Zeit erfuhr die Welt, dass unter Resina eine vom Vesuv verschüttete Stadt lag, die in der Antike Herculaneum geheißen hatte.

Eines Tages sollten die zwei Schönen nochmals auf eine lange Reise gehen, von Wien nach Dresden. Doch wer diese veranlasste hatte, blieb ein eigenes Geheimnis.

Geheimnisse und Erkenntnisse

Berlin – Oktober 1710

Georg Grüner war Händler für ausgefallene Waren, Gewürze, Parfüms und manch kleine Kunstwerke. Er verfügte über sehr gute Kontakte und hielt sich selbst für einen Meister im Geheimnisse knacken. Heute führte ihn sein erster Weg zu Johann Jacob Diesbach.

»Das sind die Päckchen für Dresden, die hier für Köln, die für Amsterdam, und das da geht an einen Maler Watteau in Valenciennes. Er schreibt, das läge auf halbem Wege zwischen Amsterdam und Paris. Kommen Sie da vorbei?« fragte Diesbach.

»Ja, das lässt sich ganz bestimmt machen«, bestätigte ihm Grüner, ohne die geringste Ahnung zu haben, wo der kleine Ort lag, aber er verfolgte ein wichtigeres Ziel, ein Geheimnis zu knacken, und da war es erst einmal wichtig, Diesbach zuzustimmen. »Sie können sich auf mich verlassen. Wenn Watteau ein berühmter Maler wird, dann nützt uns das beiden, mir für mein Geschäft und Ihnen für Ihr Geschäft. Dabei können Sie als Erfinder der neuen Farbe ebenso berühmt werden wie der Maler. Sie werden sicher vom König geehrt werden.«

»Von wegen!« entgegnete Diesbach, und kleine Zornesfunken blitzten aus seinen Augen auf, »von wegen, der vornehme Herr Frisch steckt hier den

Ruhm ein, nur weil er ein Studierter ist, schauen Sie sich das an«, und Diesbach zeigte auf Frischs Veröffentlichung in lateinischer Sprache, »dabei bin ich es, der es erfunden hat.«

»Werden Sie nicht in dem Text gewürdigt?« fragte Grüner.

»Ich kann kein Latein, aber lesen kann ich, und mein Name taucht nirgendswo auf. Und der König lässt lieber hängen als ehren. Vor Kurzem wurde doch so ein armer Teufel, ein Italiener, hingerichtet, nur weil er kein Gold herstellen konnte.«

Das war ein gewagter Satz in diesen Zeiten, und falls ihn falsche Ohren gehört hätten, hätte Diesbach der nächste am Strick sein können. Aber Georg Grüner verfolgte ein anderes Ziel.

»Wenn Sie mir eine kleine Vorführung geben«, tastete sich Grüner vorsichtig heran, »dann kann ich auf meinen Handelsreisen davon berichten, dass Sie, Herr Diesbach, das Berliner Blau erfunden haben.«

Diesbach stutzte einen Moment, ob dieser Vorschlag für ihn gefährlich sein konnte, ob dieser Grüner seine Rezeptur weitergeben oder ob er ihm zu Ruhm verhelfen würde. Er entschied sich, Grüner zu vertrauen und ihn in seine Werkstatt zu führen.

Dort zeigte er ihm, wie er die Koschenille – das waren die Schildläuse – das Mineral Alaun, das Eisensulfat und das Laugensalz mischte. Was Diesbach Grüner aber nicht erklärte, war das wirkliche Geheimnis. Damals, an jenem Tage der Entdeckung, hatte Diesbach wie immer aus den Schildläusen die Farbe Ka-

minrot herstellen wollen. Da ihm das Laugensalz
ausgegangen war, hatte er sich an den übrig gebliebe-
nen Resten von Conrad Dippel bedient. Nur dessen
Laugensalz war verunreinigt gewesen, mit dem spezi-
ellen *Dippels-Tieröl.* Doch Diesbach merkte dies zunächst nicht und war nicht wenig überrascht, als am
Ende ein Blau herausgekommen war.

Grüner war begeistert, dass das neue Farbpigment
chemisch hergestellt wurde und nicht aus Boden-
schätzen stammte. Wenn er sich jedes Detail der Mischung merkte, konnte er dieses Geheimnis im Ausland für einen Höchstpreis verkaufen. Grüner be-
dankte sich, zahlte Diesbach einen guten Preis für die
Ware, versprach ihm, seinen Namen in aller Welt bekannt zu machen und machte sich auf den Weg nach
Dresden.

Er musste vorsichtig sein. Noch in Berlin hatte er
gesehen, dass der preußische König ein Spital bauen
ließ, um die Berliner Bevölkerung zu versorgen, falls
die Pest aus dem Osten Berlin erreichen sollte. Einen
Teil der Provinz Preußen hatte die Epidemie schon
entvölkert und jetzt sollte sie bereits die Mark Brandenburg erreicht haben.

Georg Grüner war froh und dankbar, als er heil in
Dresden ankam, den ersten Teil seiner Waren hatte er
gut verkauft, der Weg nach Meißen war nur ein Katzensprung. Friedrich Böttger war froh und dankbar
über diesen unerwarteten Besuch, hatte jedoch gleichzeitig Angst, ob Grüner nicht ein Spion August des

Starken sei. Böttger und Grüner unterhielten sich lange, Böttger, weil er dankbar für die Abwechslung war, und Grüner, weil er ihm ein paar Geheimnisse über Porzellanherstellung entlocken wollte.

Grüner gewann ein wenig das Vertrauen Böttgers, als er ihm ein Gefäß aus rotem Jaspisporzellan zeigte, die erste Erfindung Böttgers vor der des Weißen Goldes. Dieses hatte Grüner wenige Monate zuvor auf der Ostermesse in Leipzig erstanden. Das beeindruckte Böttger und er zeigte Grüner die Brennöfen und einige der Musterstücke des weißen Porzellans.

Doch Grüner kam zu der Erkenntnis, dass hier noch viel in Vorbereitung war, und es noch lange dauern würde, bis die Produktion wirklich angelaufen und er gute Geschäfte machen könnte.

Und Böttger war nach der Begegnung mit Georg Grüner um die Erkenntnis reicher, dass er sich glücklich schätzen sollte, dass August der Starke ihn am Leben ließ, auch wenn er ihm nur einen bestimmten Bewegungsradius zugestand, denn der Preußenkönig hatte einen vermeintlichen Goldmacher hinrichten lassen.

Auf dem Weg nach Amsterdam legte Grüner eine Pause in Weimar ein. Und da es Sonntag war und keine Geschäfte getätigt wurden, besuchte er einen Gottesdienst, und verließ ihn mit der Einsicht, dass Musik etwas Göttliches war.

Amsterdam war der schwierigste Markt für Georg Grüner. Hier gab es zu viele Händler aus aller Welt. Obwohl sie eine gebürtige Deutsche war, hatte er die berühmte Künstlerin Maria Sibylla Merian nicht vom Berliner Blau überzeugen können.

Ganz anders in Valenciennes, in diesem kleinen französischen Ort war ein noch junger Künstler ganz außer sich vor Freude, dass endlich das neue Farbpigment eingetroffen war. Jean-Antoine Watteau machte sich sofort daran, den Rock der Tänzerin zu malen. Als kleines Fleckchen Himmel machte sich das neue Blau noch besser, hatte es doch einen leichten Grünstich. Und so war es nicht verwunderlich, dass Watteau zu der Erkenntnis kam, dass das Berliner Blau seine größere Strahlkraft in Vereinigung mit Chromgelb zeige und sich mit dieser Mischung wundervolle Abstufungen von Grüntönen erzielen ließen.

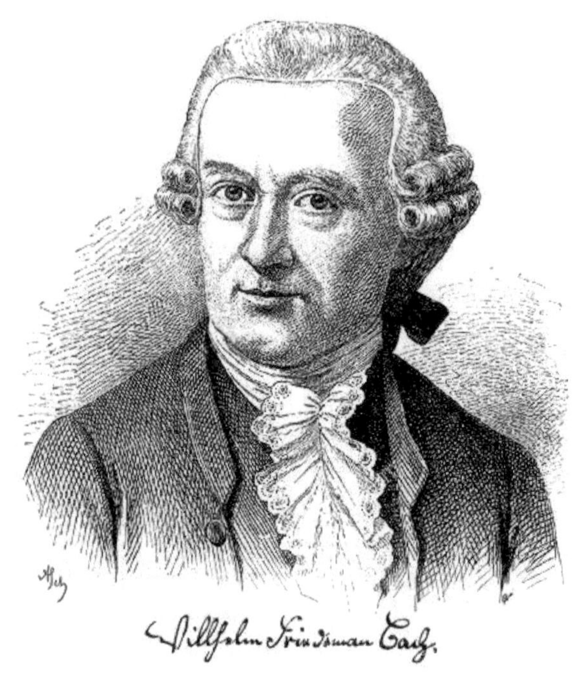

Abb. 15 – Wilhelm Friedemann Bach

Im Schatten der Genies

Weimar – 22. November 1710

In Weimar, im Haus am Markt Nr. 18, saß die zweijährige Catharina Dorothea auf ihrer Decke und beobachtete verblüfft ihre Mutter, wie diese stetig im Zimmer auf und ab ging. Vor allem gab sie eigenartige Laute von sich, die die Kleine beängstigten, während ihr die Töne aus dem Nachbarzimmer wohl vertraut waren, ihr Vater war Musiker.

»Lene, hol die Hebamme!« rief Frau Bach zu dem Hausmädchen. »Diesmal wird es ein Junge.«

Frau Bach sollte Recht behalten, es wurde ein Junge, der am 22. November 1710, in Weimar auf die Welt kam. Er wurde auf den Namen Wilhelm Friedemann Bach getauft.

Zwei Jahre später gebar Frau Bach Zwillinge, die aber bald nach der Geburt starben. Doch dann folgten noch vier Söhne, die alle prächtig gediehen, Vater Bach, der berühmte Johann Sebastian, führte ein strenges Regiment in dem lutherischen Haushalt, in dem die ganze Kinderschar von klein auf zum fleißigen Lernen und fleißigen Musizieren angehalten wurden. Die fünf Söhne sollten alle studieren und Musiker werden, schließlich ließen sich die männlichen Vorfahren bis ins 16. Jh. zurückverfolgen und waren fast alle Kantoren, Organisten, Mitglieder von Hofkapellen gewesen oder hatten Lauten, Cembalos oder Clavichords, eine Art Vorläufer des Klaviers, gebaut.

Zu seinem zehnten Geburtstag bekam Wilhelm Friedemann von seinem Vater ein eigenes Übungsheft, »Clavier-Büchlein für Wilhelm Friedemann Bach«. Im Vorwort wurden die Notenschlüssel erklärt, dann folgten in einer wohl durchdachten Reihenfolge über zwanzig Präludien. Wilhelm Friedemann übte fleißig die Stücke des Vaters und führte das Büchlein weiter, indem er eigene Kompositionen hineinschrieb. Das half ihm über den Tod seiner Mutter hinwegzukommen, die im selben Jahr starb. Ihr Tod war ein Trauma für ihn gewesen. Der Vater auf Reisen – nicht erreichbar – hatte ihm, dem Ältesten, aufgetragen, die Verantwortung für die Familie zu übernehmen. Aber wie sollte er, er war gerade erst zehn Jahre alt. Die Mutter war ganz plötzlich bettlägerig. Das Hausmädchen holte in ihrer Panik die Hebamme, diese den Arzt, aber auch er konnte Maria Barbara Bach nicht mehr helfen, sie starb, und niemand wusste, woran. Erst als Vater Bach von seiner zweimonatigen Reise nach Hause zurückkam, erfuhr er vom Tode seiner Frau, die inzwischen schon beerdigt worden war.

Ein Jahr nach dem Tod seiner ersten Frau heiratete Johan Sebastian Bach ein zweites Mal, Anna Magdalena Wilcke. Sie war Sopranistin und die jüngste Tochter des Hoftrompeters zu Sachsen-Weißenfels, Johann Kaspar Wilcke.

Als Wilhelm Friedemann zwölf Jahre alt war, zog die Familie um, von Weimar nach Leipzig. Dort war Vater Bach zum *Thomaskantor* berufen worden. Somit war er als Kantor und Musikdirektor für die Musik in vier Hauptkirchen verantwortlich. Zu seinen Verpflichtungen gehörte es auch, den Musik- und den Lateinunterricht an der *Thomasschule* zu geben, deren Internatsschüler jeden Sonntag als Chorsänger die Gottesdienste mitgestalteten. Den ihm lästigen Lateinunterricht konnte er geschickt gegen eine Zahlung an den Konrektor abtreten. Ansonsten war diese Position für die musikalische Ausbildung seiner Söhne äußerst günstig, denn kaum waren sie im richtigen Alter, konnte er sie als externe Schüler in der Thomasschule unterbringen. Catharina Dorothea und ihre Halbschwestern wurden als Mädchen nicht zugelassen.

Vater Bach komponierte fast jede Woche eine Kantate. Zu der sonntäglichen Kirchenmusik übernahm er auch Aufträge für Hochzeiten, Taufen und Begräbnisse, und er unterrichtete externe Schüler bei sich zuhause, die teils auch für längere Zeit im Bachschen Hause lebten. Die Anzahl der hungrigen Münder wurde immer größer, denn seine zweite Frau gebar jedes Jahr ein Kind, dreizehn an der Zahl. Doch sieben von Wilhelm Friedemanns Halbgeschwistern starben gleich nach der Geburt oder innerhalb der ersten drei Lebensjahre. Und eines der Kinder war geistig behindert.

Wilhelm Friedemann war fleißig, er lernte zu dem Cembalo auch die Geige zu spielen, und im Orgelspiel war er besonders virtuos. Hin und wieder, wenn es zeitlich eng wurde, half er dem Vater auch im Komponieren der einen oder anderen Kantatenstimme aus. Aber es war für ihn schwierig mit dem Vater, der sich so gar nicht in seine Rolle hineinversetzen konnte, der älteste Sohn von so vielen Geschwistern und Halbgeschwistern und der älteste eines sehr erfolgreichen Vaters zu sein. Vater Bach war das Nesthäkchen gewesen, das jüngste von acht Kindern, mit neun Jahren schon Vollwaise und ab da in der Obhut seines 13 Jahre älteren Bruders, der seine Erziehung übernahm. Johann Sebastian Bach beklagte, dass er nie eine wirklich gute musikalische Ausbildung bekommen hatte, dass er sich immer alles habe selbst beibringen müssen. Nur durch seinen Fleiß sei er so weit gekommen. Und so forderte er den Fleiß von all seinen Kindern, je älter sie waren, umso mehr. Und er war stolz auf sie. Und Wilhelm Friedemann war fleißig, und doch konnte er sein eigenes Licht nicht wirklich erkennen, zu stark strahlte das seines Vaters.

Wilhelm Friedemann studierte an der Universität Leipzig zunächst Jura, Mathematik und Philosophie, um dann doch ganz bei der Musik zu bleiben. Mit 23 wurde er Organist an der Sophienkirche in Dresden und bildete eigene Schüler aus. In Halle an der Saale erhielt er mit 36 an der Marienkirche die Position des Organisten und des Musikdirektors.

Drei Monate, bevor Wilhelm Friedemann 40 wurde, starb sein Vater. Er reiste nach Leipzig, um als Ältester seine Stiefmutter in allen Erbschaftsangelegenheiten zu unterstützen. Sie willigte ein, dass ihr zweitältester Sohn, Johann Christian, gerade 15, seine weitere musikalische Ausbildung von seinem 21 Jahre älteren Halbbruder, Carl Philipp Emanuel, in Berlin erhalten sollte. Genau dieser Bruder sagte über Wilhelm Friedemann, dass er den Vater besser ersetze als alle anderen Bach-Kinder zusammen. Und doch sollte gerade dieser Bruder zu seinen Lebzeiten berühmter werden als Wilhelm Friedemann und sogar berühmter als der Vater, Johann Sebastian Bach.

In Halle lebte Wilhelm Friedemann am längsten. Um ihn innerhalb der großen Bachfamilie von anderen unterscheiden zu können, bekam er später den Beinamen *Der Hallesche Bach*. Und in Halle war er am glücklichsten. Hier heiratete er 1751, Dorothea Georgi, und sie bekamen drei Kinder, doch die zwei Söhne starben jung.

Im Alter von 54 Jahren brach Wilhelm Friedemann Bach aus seinem bisherigen Leben aus. Er galt als grandioser Orgelvirtuose und gab etliche Konzerte. Er versuchte so auch zu einer neuen Anstellung zu gelangen. Doch selbst wenn er als Bester beim Vorspiel galt – wie 1771 in Braunschweig – bekam er die Stelle nicht. Da Wilhelm Friedemann in seinen Konzerten auch improvisierte und seine eigenen Kompositionen variierte, schreckte er dadurch Verleger ab, sie zu drucken. Seine finanzielle Not als unabhängiger Künstler wurde immer größer.

Während sein Glücksstern sank, stiegen die seiner Brüder immer höher, Carl Philipp Emanuel in Berlin und Hamburg, und der »kleine« Halbbruder Johannes Christian in Mailand und London. Dort inspirierten dessen Klaviersonaten den achtjährigen Mozart zu eigenen Kompositionen. Ihr Kontakt zueinander bestand auch im Erwachsenenalter weiterhin.

Wilhelm Friedemann Bach wurde ein unruhiger Wandergeselle. Er zog nach Braunschweig, nach Berlin, nach Göttingen, nach Wolfenbüttel, dann wieder nach Berlin. Im Alter von 74 Jahren starb er dort völlig verarmt.

Admiral

»Ich habe so schön geträumt«, schwärmte der Schmetterling.

»Ach ne, was denn ?« fragte die Raupe neugierig.

»Ich habe geträumt, dass mich ein berühmter Mann aus dem hohen Norden getauft hat, auf den Namen Admiral.«

»Hihi! Admiral!« amüsierte sich die Raupe, »sonst geht es dir gut? Vielleicht noch König oder Kaiser?«

»Sei du ganz still!« erwiderte der Schmetterling, »zu dir hat sie Haarbürste gesagt, das habe ich genau gehört.«

»Und die Kleine hat gesagt, dass du ein Schmutzhösla anhast, das habe ich genau gehört«, gab die Raupe zurück.

»Was Kinder sagen, hat keine Gültigkeit«, versuchte der Schmetterling für sich zu punkten.

Der kleine Disput musste unterbrochen werden, denn Dorothea, die Tochter der berühmten Maria Sibylla Merian, betrat das Atelier und suchte die Brille ihrer Mutter. Sie fand sie auf dem Tisch neben dem Aquarell. Dorothea überprüfte, ob die Farben gut durchgetrocknet waren, legte das Aquarell in die Mappe und verließ mit der Brille den Raum.

Das war das Ende des Disputs. Nur wenn man die Luft anhielt und in die Tiefe lauschte, konnte man noch wie aus weiter Ferne ganz leise zwei Worte vernehmen: »Schmutzhösla, Schmutzhösla«, und ein bisschen lauter, »Admiral, Admira a a al!«

Was blieb im 21. Jahrhundert?

Zu den Kapiteln:
Das Herz seiner Königlichen Hoheit
Der verlorene Freund
Geheimnisse und Erkenntnisse

1806 ging die KÖNIGLICH-SÄCHSISCHE PORZELLAN-MANUFAKTUR aus dem Besitz der Krone in das Eigentum des sächsischen Fiskus über. Ab 1918 nannte sich das Unternehmen STAATLICHE PORZELLAN-MANUFAKTUR MEISSEN und wurde nach dem Zweiten Weltkrieg in der DDR zum Volkseigenen Betrieb.

Als STAATLICHE PORZELLAN-MANUFAKTUR MEISSEN GmbH gehört die Meißner Porzellanmanufaktur mit den zwei gekreuzten Schwertern als Markenzeichen ab 1991 zu den international bekanntesten. In Führungen in zahlreichen Sprachen, sogar auf Chinesisch, kann man sich vor Ort den Herstellungsprozess zeigen lassen und im Ausstellungsraum Meißner Porzellan von den Anfängen bis heute bewundern.

Ein Brennspiegel von Ehrenfried Walther von Tschirnhaus ist im DEUTSCHEN MUSEUM in München ausgestellt.

Zum Kapitel:
Der Viel- und Ungeliebte

Das »Geburtshaus« und der Regierungssitz von LUD-
WIG XV., SCHLOSS VERSAILLES, das 1979 in die Liste
des UNESCO-Weltkulturerbes aufgenommen wurde,
ist im 21. Jh. das meistbesuchte Schloss Frankreichs,
im Schnitt drei Millionen Besucher jährlich.

Zu den Kapiteln:
Ein ungeduldiger Künstler
Ein wütender Schweizer in Berlin
Geheimnisse und Erkenntnisse

Das BERLINER BLAU wird nicht mehr unter diesem
Namen geführt. Als PREUßISCHBLAU existiert es aber
noch immer in jeder Malerpalette und sogar in jedem
Schulmalkasten, neben dem wärmeren ULTRAMARIN-
BLAU.

Das Berliner Spital, dessen Bau 1710 begonnen
wurde, falls die Pest Berlin erreichen sollte, ist die
CHARITÉ, im 21. Jh. eine der größten Universitätskli-
niken Europas mit vielen Sonderforschungsbereichen,
insbesondere seltene Krankheiten.

Zum Kapitel:
Ein bezauberndes Wesen

Die ACADÉMIE ROYALE DE DANSE, die Königliche
Akademie für Tanz in Paris, an der MARIE CAMARGO

aufgenommen wurde, heißt heute Ecole de Danse de l' Opéra und bildet noch immer die Tänzer für die Pariser Oper aus, an der die Camargo erste Ballerina wurde, heute im Opernhaus von 1875, in der Opéra Garnier.

Zu den Kapiteln:
Im Paradies
Vielerlei Bürsten und vielerlei Freuden
Geheimnisse und Erkenntnisse
Admiral

Drei Werke von Maria Sibylla Merian wurden von der Universität Göttingen digitalisiert und sind als PDF-Dateien im Netz zu betrachten (siehe Quellen). Auf jeder Seite ist immer ein Schmetterling zusammen mit Ei, Raupe und Puppe dargestellt, und mit der Pflanze, die für ihn seine Nahrungsquelle ist. Maria Sibylla Merian war die Erste, die diesen Zusammenhang sah und wiedergab. In den Anmerkungen tragen nur die Blumen Namen, keiner der Schmetterlinge. Erst 1735, achtzehn Jahre nach ihrem Tod, erstellte der Schwede Carl von Linné für Schmetterlinge ein wissenschaftliches Namensverzeichnis.

Mit dem Maria-Sibylla-Merian-Preis zeichnet das Hessische Ministerium für Wissenschaft und Kunst seit 1993 jedes Jahr zwei junge Nachwuchskünstlerinnen aus. Es wird überlegt, in Zukunft den

Preis an eine Künstlerin und an eine Naturforscherin zu vergeben.

Zahlreiche Schulen wurden nach der Naturforscherin und Künstlerin benannt, – seit 2005 trägt auch ein Forschungsschiff den Namen MARIA SIBYLLA MERIAN.

Maria Sibylla Merians Arbeiten wurden auch zur Motivvorlage für Dekorationen auf Meißner Porzellan.

In Nürnberg, auf der Kaiserburg, gibt es einen MARIA-SIBYLLA-MERIAN-GARTEN. Die Naturforscherin wohnte in ihrer Nürnberger Zeit nicht weit entfernt und nutzte dieses Fleckchen für ihre Pflanzen und Insektenstudien. Alle Pflanzen des Gartens, darunter auch tropische, sind in ihren Büchern zu finden. Da sie eine Begründerin der modernen Insektenforschung ist, gibt es zusätzlich zu den Pflanzen eine *lebende* Wandtafel als *Insektenhotel* für wildlebende Bienen, Käfer und andere Insekten. Der besondere Garten, mit einer schöner Aussicht auf die Stadt, kann im Rahmen *Heiraten auf der Burg* für Hochzeiten genutzt werden.

Die größte Schmetterlingssammlung – über 10 Millionen – ist in München, in der BAYERISCHEN ZOOLOGISCHEN STAATSSAMMLUNG, zu sehen, eine etwas kleinere im NATURKUNDEMUSEUM in Berlin.

Zu den Kapiteln:
Luigis Einbruch
Zwei Schönheiten auf Reisen

Im 21. Jh. gilt der 9 km südöstlich von der Millionenstadt Neapel gelegene kleine Vulkan Vesuv durch seine giftigen Gase und die pyroklastischen Ströme, als der gefährlichste von ganz Europa, auch wenn er momentan in einer Ruhephase ist. Sein Ausbruch am 24. August 79 n. Chr. hatte vier antike Städte verschüttet, Pompeji, Herculaneum, Stabiae und Oplontis.

Das kleinere HERCULANEUM vermittelt mit der Dichte seiner Häuser, die sich am Hang zum Meer hinunterziehen, im 21. Jh. einen stärkeren Eindruck von der antiken Atmosphäre als das weltweit berühmtere und größere Pompeji, in dem viele Häuser von Touristen nicht mehr im Inneren besichtigt werden dürfen. Nach den ersten Funden unter dem Örtchen Resina 1710, das erst seit 1969 ERCOLANO genannt wird, ziehen sich die Ausgrabungen des antiken Herculaneum über 300 Jahre bis heute hin. Während das größere Pompeji unter einer drei bis sechs Meter dicken Ascheschicht begraben worden war, lagerte über Herculaneum eine über 20 Meter hohe Vulkanschicht, die beim Abkühlen zu hartem Tuffgestein erstarrte. Die ersten Ausgrabungen waren nur Stichschächte. Um 1870 wurde dann für ein größeres Gebiet die gesamte Vulkanschicht abgetragen und erst seit 1924 wird das antike Herculaneum systematisch archäologisch freigelegt. Dabei stellte man fest, dass gerade die dichte Tuffsteinmasse die kleine Stadt luftdicht abgeschlossen hatte, sodass Kostbareres gefunden wurde als in dem berühmteren Pompeji.

Menschliche Körper verbrannten bei dem Vulkanausbruch sofort und hinterließen in der Vulkanmasse einen Hohlraum. In Pompeji hatte man diese Hohlräume mit Gips ausgegossen, sodass die Gipsmodelle die Toten im Sterbemoment zeigen. Noch bis 1982 dachte man, dass alle Bewohner von Herculaneum rechtzeitig dem Vulkanausbruch entkommen wären, da man dort keine Hohlräume gefunden hatte. Dann kamen die Grabungen bis zum antiken Hafen, zu den Bootshäusern, in denen die Skelette von über 300 Menschen entdeckt wurden, meist ältere und verletzte, und viele Frauen mit Kindern. Es müssen die ärmsten der Einwohner gewesen sein, es fanden sich keine Besitztümer bei ihnen, und sie hatten keine Möglichkeit mehr gehabt, über das Meer zu fliehen, denn es gab den Funden nach nur noch ein seeuntaugliches Boot im Hafen.

Viele der ausgegrabenen antiken Kunstwerke kann man im Archäologischen Nationalmuseum in Neapel besichtigen. Seit dem 21. Jh. besitzt das heutige Ercolano eines der wenigen digitalen Museen Italiens, das Mav, Museo Archeologico Virtuale, dessen Besuch sehr lohnenswert ist, bevor man die originalen Ausgrabungen durchwandert. Mit Hilfe von 3D-Filmen werden für die Besucher die antiken Städte Pompeji und Herculaneum ebenso plastisch anschaulich wie der Vesuvausbruch selbst.

Dort, wo 1710 die zwei Statuen, die »Große und die Kleine Herkulanerin«, gefunden wurden, befand sich in der Antike das Theater von Herculaneum. Die

beiden befinden sich heute in der SKULPTURENSAMM-
LUNG DER STAATLICHEN KUNSTSAMMLUNGEN in
Dresden, eine der größten und ältesten Antiken-
sammlungen außerhalb Italiens. Die Antikensamm-
lung zieht um und wird erst in einigen Jahren wieder
zu sehen sein, in der Osthalle des SEMPERBAUS, die
von GOTTFRIED SEMPER für antike Skulpturen gebaut
wurde.

Zum Kapitel:
Die beste Prinzessin der Erde

Die beiden Schlösser, in denen LUISE DOROTHEA
HERZOGIN VON SACHSEN-GOTHA-ALTENBURG lebte,
können noch heute besichtigt werden: Schloss EH-
RENBURG in Coburg und Schloss FRIEDENSTEIN in
Gotha. Im Inneren beider Schösser ist jedoch die Zeit
von Luises Ururenkel, PRINZ ALBERT VON SACHSEN-
COBURG UND GOTHA und seiner Frau, der englischen
Königin VICTORIA, deutlich präsenter. Das kleinere
Schloss FRIEDRICHSWERTH in Friedrichswerth, im
Landkreis Gotha, ist seit Mitte der 1990er Jahre un-
genutzt und steht zum Verkauf.
Die große GOTHAER ORANGERIE der Herzogin Lu-
ise, die im Zweiten Weltkrieg wie die Stadt Gotha
schwer zerstört wurde, ging 2004 in den Besitz der
STIFTUNG THÜRINGER SCHLÖSSER UND GÄRTEN
über. Seitdem wird das Ziel angestrebt, die einmalige
Anlage, die nach dem Krieg verschiedene Fremdfunk-

tionen erfüllte, Teil für Teil zu restaurieren und sie wieder zu einer der ganz großen Orangerien aufblühen zu lassen.

Die private Bibliothek der Herzogin, über 3500 Bücher, ging als vollständiger Bestand in die UNIVERSITÄTS- UND FORSCHUNGSBIBLIOTHEK ERFURT / GOTHA des Freistaates Thüringen über.

Seit 2009, jeweils am letzten Augustwochenende, ehrt die Stadt Gotha *ihre* Herzogin Luise durch ein zweitägiges Barockfest auf Schloss Friedenstein. Die Darsteller des Herzogenpaares und die Laiendarsteller des Hofstaates halten Audienz, nehmen Wachparaden ab, lustwandeln durch die Orangerie und unternehmen Kutschfahrten in die Stadt. Der 2002 über sie gedrehte Spielfilm trägt den Titel »Vive la joie! – Es lebe die Freude!«

Zum Kapitel:
Im Schatten der Genies

Das künstlerische Werk von JOHANN SEBASTIAN BACH geriet nach seinem Tode nur knapp 50 Jahre in Vergessenheit, das seines ältesten Sohnes, WILHELM FRIEDEMANN BACH, mehr als 300 Jahre. Erst 2010, zu seinem 300. Geburtstag, wurden seine Kompositionen durch neue CD-Einspielungen gewürdigt.

Die Stadt Halle an der Saale eröffnete 2012 ein eigenes WILHELM-FRIEDEMANN-BACH-MUSEUM.

Quellen, auch zum Weiterforschen

ZUM JAHR 1710

> Stein, Werner, »Der große KULTURfahrplan«, 1981, S. 824 – 825

> Wikipedia zu *1710*

WEIßES GOLD

> »Das Weiße Gold – Des Sachsen-Königs größte Leidenschaft«, unter https://www.schloesserland-sachsen.de/de/schloesser-burgen-gaerten/ein-koenigreich-fuer-einen-ausflug/porzellan-das-weisse-gold/

> »Das Geheimnis des Weißen Goldes – Im Meißen-Porzellan-Museum«, unter https://www.porzellan-museum.com/entdecken/familie-kinder/das-geheimnis-des-weissen-goldes/

> Wikipedia *August II. (Polen), Meißner Porzellan, Johann Friedrich Böttger, Ehrenfried Walther von Tschirnhaus*

LUDWIG XV.

> Wikipedia *Ludwig XV., Charlotte de La Mothe-Houdancourt, Madame de Pompadour*

BERLINER BLAU

> Finlay, Victoria, »Das Geheimnis der Farben«, 2005, S. 348 f.

➢ Wikipedia *Berliner Blau, Johann Jacob Diesbach, Johann Leonhard Frisch, Johann Konrad Dippel, Antoine Watteau*

MARIA SIBYLLA MERIAN

➢ Ausstellungskatalog zu »MARIA SIBYLLA MERIAN – Künstlerin und Naturforscherin zwischen Frankfurt und Surinam«, Historisches Museum, Frankfurt a.M., 18.12.1997 – 1.3.1998

➢ Wikipedia zu *Maria Sibylla Merian, Matthäus Merian, Jacob Marrel, Abraham Mignon, Carl von Linné, Cornelis van Aerssen, Johann Isaak von Gerning, Suriname, Metamorphosis insectorum Surinamensium, Der Raupen wunderbare Verwandlung und sonderbare Blumennahrung, Zoologische Staatssammlung München*

➢ http://www.deutsches-museum.de/bibliothek/unsere-schaetze/biologie/merian/ueber-ihr-buch/

➢ http://www.fembio.org/biographie.php/frau/biographie/maria-sibylla-merian

➢ http://www.schloesser.bayern.de/deutsch/garten/objekte/nbg_merian.htm

➢ http://www.themariasibyllameriansociety.humanities.uva.nl/

➢ http://www.floraweb.de/pflanzenarten/schmetterlingspflanzen.xsql

MARIE CAMARGO

➢ Wikipedia *Marie Camargo, François Cupis, Jean-Baptiste Cupis de Camargo, Françoise Prévost (Tänzerin), Entrechat, Marius Petipa, Léon Minkus*

HERCULANEUM

> ➢ private Aufzeichnungen der Autorin von einer archäo-
> logischen Fortbildung in Pompeji und Herculaneum
> ➢ https://www.museomav.it
> ➢ Wikipedia *Herculaneum, Emmanuel Maurice de Lorraine,
> Eugen von Savoyen, Skulpturensammlung (Dresden)*

LUISE DOROTHEA HERZOGIN VON SACHSEN-GOTHA-ALTENBURG

> ➢ Berger, Günter, Raschke, Bärbel, »Luise Dorothea von
> Sachsen-Gotha-Altenburg«, Regensburg, 2017
> ➢ Storch, Ludwig, »Eine seltene Frauenfreundschaft«,
> https://de.wikisource.org/wiki/Eine_seltene_Frauen
> freundschaft
> ➢ Großbongardt, Annette, »Ihr Genie ist eine Fackel«,
> (über Friedrich den Großen und Voltaire), in SPIEGEL
> Geschichte, 2/2011
> ➢ Wikipedia *Luise Dorothea von Sachsen-Gotha-Altenburg,
> Herzogtum Sachsen-Coburg und Gotha, Ernst Ludwig I.
> (Sachsen-Meiningen), Dorothea Maria von Sachsen-Gotha-
> Altenburg (1674–1713), Elisabeth Sophie von Brandenburg
> (1674–1748), Christian Ernst (Brandenburg-Bayreuth),
> Friedrich III. (Sachsen-Gotha-Altenburg), Ernst II. (Sachsen-
> Gotha-Altenburg), Schloss Ehrenburg, Markgräfliches Schloss
> Erlangen, Orangerie Gotha, Friedrich II. (Preußen)*

WILHELM FRIEDEMANN BACH

> ➢ Thielicke, Gisela (Hrsg.), »Der Freundeskreis Wilhelm
> Friedemann Bach«, Berlin, 2004

> www.bach-leipzig.de/de/bach-archiv/wilhelm-
friedemann-bach

> www.bachueberbach.de, Bach-FAQ 116
ein Forum zum Weiterforschen über einen Musiker,
der selbst von Fachleuten noch nicht ganz erforscht
ist, und das auch Falschinformationen auszuräumen
versucht, wie das so weit verbreitete falsche Porträt.

> Wikipedia zu *Wilhelm Friedemann Bach, Bachsöhne*

Zu den Abbildungen

> **Cover** Tänzerin, Ausschnitt aus Abb. 6, freigestellt;
Schmetterling, Ausschnitt aus »Metamorphoris insectorum surinamensium – Tafel LIII«, 1705, Maria Sibylla Merian, Wikipedia *Maria Sibylla Merian > Commons: Maria Sibylla Merian > Metamorphosis insetorum
Surinamensium–Merian (Pl. 53)*

> **Abb. 1** »Ludwig XV.«, um 1748, Louis Michel van
Loo, Öl auf Lw., 80,5 x 65 cm, Schloss Versailles,
Wikipedia *Ludwig XV.*

> **Abb. 2** »Ludwig XV.«, 1712, Pierre Gobert, Öl auf
Lw., 45 x 36 cm, Mallorca, Fundación Yannick i Ben
Jakober, Wikipedia *Ludwig XV.*

> **Abb. 3** »Ländlicher Tanz«, 1706–10, Jean-Antoine
Watteau, Öl auf Lw., 19,5 x 24 cm, USA, Indianapolis,
Museum of Art, Wikipedia *Antoine Watteau > Com-
mons: Antoine Watteau > Paintings by Antoine Watteau*

> **Abb. 4** Titelblatt zu »Der Raupen wunderbare Ver-
wandlung und sonderbare Blumennahrung«, 1679,

Maria Sibylla Merian, Kupferstich, Wikipedia *Maria Sibylla Merian*

➢ **Abb. 5** »Löwenzahn«, aus »De europäische Insecten – Tafel VIII«, 1717, Maria Sibylla Merian, Amsterdam, Göttinger Digitalisierungszentrum, http://resolver.sub.uni-goettigen.de/purl?PPN475975456

➢ **Abb. 6** »Marie Camargo«, um 1730, Nicolas Lancret, Öl auf Lw., 45 x 55 cm, St. Petersburg, Eremitage, Wikipedia *Marie Camargo* > *Commons: Marie-Anne de Camargo*

➢ **Abb. 7** »Fischerboot bei Neapel«, Auss., s/w, unbek. Jahr, Antonino Leto, Öl auf Holz, 25 x 42 cm, Privatsammlung, Kalifornien, Wikipedia *Antonino Leto* > *Commons: Antonino Leto*

➢ **Abb. 8** Tafel XLVII aus »Metamorphoris insectorum surinamensium«, 1705, Maria Sibylla Merian, Wikipedia *Maria Sibylla Merian*

➢ **Abb. 9** »Admiral« aus »De europäische Insecten – Tafel XCI«, 1717, Maria Sibylla Merian, Amsterdam, Göttinger Digitalisierungszentrum, http://resolver.sub.uni-goettigen.de/purl?PPN475975456

➢ **Abb. 10** »Bananenstaude – Tafel XII«, aus »Metamorphoris insectorum surinamensium«, 1705, Maria Sibylla Merian, Wikipedia *Maria Sibylla Merian* > *Commons: Maria Sibylla Merian* > *Metamorphosis insetorum Surinamensium–Merian (Pl. 12)*

➢ **Abb. 11** links, »Ehrenfried Walther von Tschirnhaus«, Auss., vor 1708, Martin Bernigeroth, Kupferstich,

Dresden, Kupferstichkabinett, Wikipedia *Ehrenfried Walther von Tschirnhaus*

rechts, »Johann Friedrich Böttger«, Auss., Jahr und Künstler unbek., Lithographie, London, British Museum, Wikipedia *Johann Friedrich Böttger > Johann Friedrich Böttger*

> **Abb. 12** »Luise Dorothea Herzogin von Sachsen-Gotha-Altenburg, geb. von Sachsen-Meiningen«, veröffentlicht von Ernst Kail, in »Die Gartenlaube«, 1858, S. 585, Wikipedia *Luise Dorothea von Sachsen-Gotha-Altenburg*

> **Abb. 13** »Friedrich der Große und Voltaire«, um 1740, Georg Schöbel, Öl auf Lw., keine weiteren Angaben, Wikipedia *Königreich Preußen*

> **Abb. 14** »Kleine Herkulanerin«, gezeichnet von der Autorin, nach Wikipedia *Skulpturensammlung (Dresden) > Commons: Skulpturensammlung (Dresden) > Ancient Greek and Roman art in Skulpturensammlung, Dresden > Castings of sculptures of the Skulpturensammlung (Dresden) in the Pushkin Museum*

> **Abb. 15** »Wilhelm Friedrich Bach«, Kupferstich, unbek. Jahr, vermutlich vom Kupferstecher Christian Heinrich Schwenterley, Wikipedia *Wilhelm Friedemann Bach > Commons: Wilhelm Friedemann Bach*

Personenverzeichnis

Ortsverzeichnis

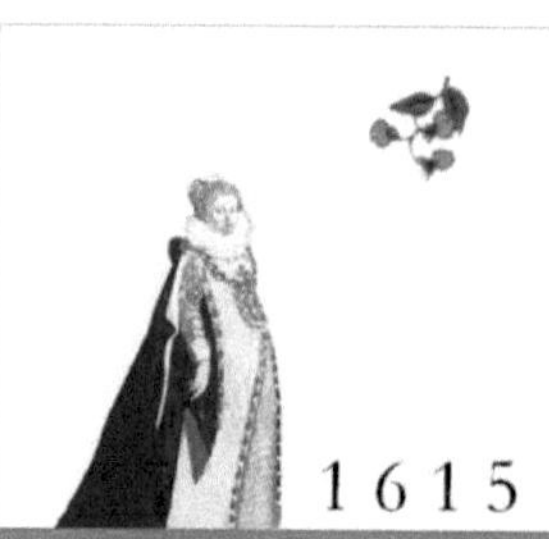

»Wer hat dir denn als Erste alles über die Sterne beigebracht …? Meinst du vielleicht, ich bin eine kleine, alte, schwache Frau? Ich bleibe hier!«

Kepler war verzweifelt, er kannte kaum einen anderen Menschen, der so eigensinnig war wie seine eigene Mutter.

»Ich hatte schon lange die Idee, dass wir hier und da einen unserer schönen Singvögel …hinzufügen. Sie sind doch alle Geschöpfe Gottes …und gehören hier mit in den Himmelsgarten. Als ich das …Abt Johann vorschlug, lehnte er ab.«
»Oh, er mag keine Tiere? « …
»Doch. Ich soll durchaus auch Vögel malen, …aber nicht unsere Singvögel, …er will Papageien.«

ISBN 978–3–7568–5673–2   6,99 €

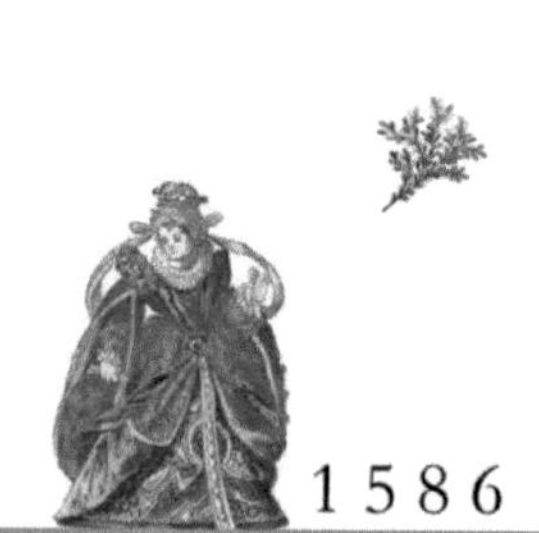

…Der große Michelangelo hatte das Vorhaben als unmöglich rundum abgelehnt. …
…Die römischen Spatzen pfiffen es schon von den Dächern, wenn Fontana versagen sollte, würde ihn der Papst wie einen Banditen köpfen lassen. …

…Er war 27 Jahre alt, als sein Herz für eine Frau entflammte, die jedoch keinen seiner Liebesbeweise erwiderte. Da Pietro della Valle kein weitsichtiger Hansekaufmann war, sondern ein heißblütiger Römer, litt er so unsäglich, dass sein bester Freund, …Medizinprofessor in Neapel, sich zum Eingreifen genötigt sah. Er verordnete seinem Freund eine Pilgerreise nach Jerusalem …

ISBN 978 – 3 – 7519 – 6755 – 6   5,99 €

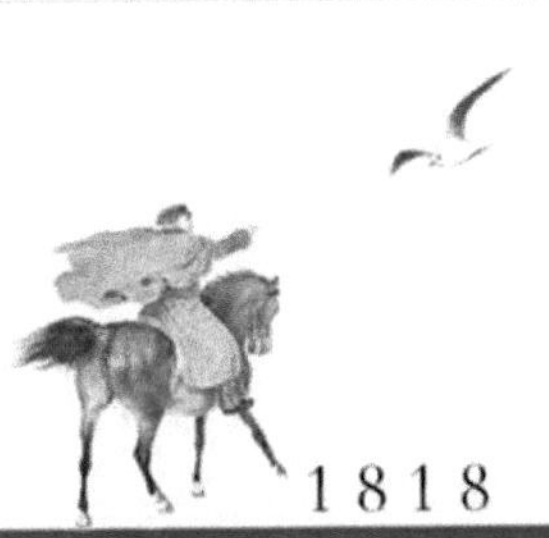

1818

An die See, um die Welt und
andere Reiseunternehmungen

Sibylla Vee

…Und so kam es, dass Peter Schlehmils Schatten, am Äquator nicht größer als ein Tintenklecks, am 8. Februar des Jahres 1818 zwischen den Seiten 126 und 127 einer Malaischen Sprachkunde eingeklemmt wurde. Doch die *Rurik* war auf dem Weg nach Kapstadt, und nahe dem Kap der Guten Hoffnungen gab es auch für einen eingeklemmten Schatten die Hoffnung, sich wieder zur normalen Größe zu entfalten. …

…Um vier Uhr stieg ein winziges rotes Bällchen auf, das wie ein Pupurwölkchen am Himmel wieder verschwand. Kurz vor fünf Uhr nachmittags was es dann so weit: der große Ballon war gefüllt und begann langsam zu steigen. »Gott, hat die Frau einen Mut!«

Überarbeitete Auflage 2023, mit neuer ISBN
ISBN 978 – 3 – 7557 – 4047 – 6   6,99 €

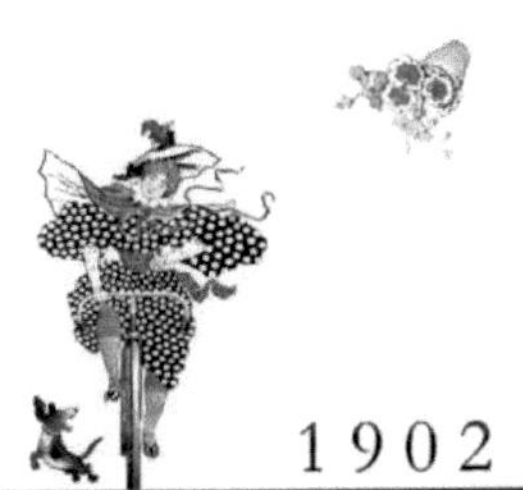

1902

Ein Mondveilchen, ein Turm am
Gotthard und andere Irritationen

Sibylla Vee

Am 1. April 1902 bricht Otto Bierbaum in einem Auto mit 8 PS auf …die Reise geht von Berlin nach Sorrent …

in Wien …ist die hohe Schule der Mehlspeisküche, und die Kunst des Speisens braucht hier keine Sezession ….in der bildenden Kunst dagegen ist die Revolution im vollen Gange. Nirgends, auch in München nicht, lebt und wirkt die Sezession wie hier…

Der Riss auf der Seite des Riesen öffnete sich erschreckend …Während die Menge einen …Schrei ausstieß, schwankte der Glockenturm …Der Riese kollabierte …Die Erde bebte, eine gigantische Staubwolke stieg auf, der Engel versank …

ISBN 978 – 3 – 7543 – 1134 – 9   5,99 €